你看港街招牌

李健明 著

深圳出版社

"李汉港楷"，你我港楷

　　初次认识李健明（阿健）是从媒体上知道他造字的报道，同时也被他的父亲李威和挚友李汉之间的兄弟情所吸引。其后我因研究香港霓虹招牌的视觉文化，有幸访问阿健，往后也曾多次在有关设计文化的讲座中碰面闲谈。

　　俗话说"见字如见人"，我说"见人如见字"。阿健为人亲切、健谈、实事求是，正如"李汉港楷"招牌的字一样，没有半点哗众取宠或龙蛇走笔，他总是给人朴实稳重、点到即止的感觉。

　　记得在一次访问中，提到"李汉港楷"招牌字的最大特色是什么，怎料阿健回复是没有什么特色。我想不可能吧，一个字形的存在必有它的美学和设计特色，怎可说没有特色呢！但想深一层，无特色正正就是"李汉港楷"吸引人之处。一个招牌字的最基本功用，并不是喧宾夺主或处处凸显字形有多美，而是平实且清晰地展现出店铺的名字，这正正就是它的强项。

　　在访问当中也问到"李汉港楷"招牌字最能够代表香港什么，阿健沉思了一会儿后回应是"贴地"，这是很棒的答案。"李汉港楷"招牌字的确贴地又充满本土特色，是平民的恩物，因为无论在大街小巷、街市和小店，都能找到它的踪影。

　　一直很喜欢以民间为主导，由下而上，不盲目追求潮流，不按派别规矩，就是喜爱那些有血有肉，从日常生活出发，充满人文风情的设计。"李汉港楷"的招牌字就是这么贴近民众，充满港式风格，就是"平靓正"，三姑六婆二叔公都喜爱使用的招牌字。

造字或字体设计往往是孤单的，是一个人的事业。但"李汉港楷"的招牌字给我很不一样的感觉，我永远见到的是一家人，同心协力。在过去很多场合，阿健的爸爸李威永远在旁，气定神闲，一脸慈祥的面容；他的姐姐则打点一切，精明能干。在我眼里，"李汉港楷"的成功背后，不单在于字形本身，更重要的是反映出一家人齐心协力的精神面貌，这正代表着往昔狮子山下的精神，就是社会传统价值，手足之情，也代表着二十世纪七八十年代默默耕耘的一群香港人的故事。

　　这本书不仅讲述"李汉港楷"的制作和香港招牌的故事，也藏着香港精神不断在滚动的故事。在这纷乱的社会下，当看见"李汉港楷"招牌字的谦逊亲民美学，内心总能找到些支点。"李汉港楷"招牌字就是有这种魔力。

郭斯恒

香港理工大学设计学院助理教授

推荐序二
字体能承载一个地方的历史文化

香港近年盛行本土文化，大众亦开始产生怀旧情怀，喜爱缅怀过往的美好回忆。市面上开始出现一些主打"老香港"的产品、电视剧等，不过你或许没有察觉到，有一部分"老香港"产品或是电视剧的布景，令我隐约产生违和感。当我细心留意细节，就发觉里面用到的字体完全没有一丝"老香港"的气息。曾经见过一个旧式店铺模型，招牌居然印上标楷体，实在是大煞风景。又见过某电视台的 20 世纪 60 年代警匪片中，背后启德机场的布景板文字用上了新细明体。

你可能会说："字体而已，用得着这么在意吗？"又或者认为只要外观相似就可以了，无须过分看重细节。我却不这么认为，因为字体能够承载一个地方的历史、文化的记录。试想一想，20 世纪 60 年代何来出现标楷体和新细明体这两种电脑字形呢？要将怀旧产品发挥到极致，使用正确的字体只是其中一环，更重要的是要了解这些事物背后的故事。

随着电脑普及化，街上百花齐放的文字风景开始变得单调。毛笔风格的招牌、人手造字的路牌，逐渐变成一式一样的电脑字形；霓虹灯招牌都被拆下，换上伤眼的 LED 招牌。这些看似微不足道的小事物，似乎慢慢令这个城市失去个性和活力，亦逐渐被世人遗忘。要真正做到怀旧情怀，保育视觉文化记录是其中一门重要课题。

2017 年初，在一次报章采访中认识了阿健，有幸和他共享一整版副刊篇幅。原来阿健与我一样，在将旧字体重塑成数字化电脑字形，利用空余时间进行这种另类的视觉文化的保育工作。我亦十分欣赏阿健凭着他的毅力和坚持，将"李汉港楷"这个经典招牌字体重现于我们眼前。

通过平时和阿健"吹水"，从而得知一块招牌看似简单，但背后却蕴藏着博大精深的学问。而"李汉港楷"背后的故事，更能体现出香港情怀，亦能让人深入了解当时香港的状况。

　　这本书以阿健作为招牌佬的角度，深入探讨招牌的设计和周边故事，读来津津有味。相信此书亦能启发大家在繁华都市中，发掘更多细微而能代表香港的事物。

邱益彰

道路研究社社长

"监狱体"字体创作者

推荐序三
香港招牌的迷人风景

从前做生意的人，无论是大生意还是小买卖，都会很重视他们的招牌。这是商人的门面，轻慢不得，所以才会有"金漆招牌"的说法。有能力有面子的，会请名人题字，否则要自己书写，或是付费请书法家润笔。这些美丽的招牌，就成为点缀香港大街小巷的风景和特色！

并不是人人都有能力请得起出名的书法家题字，但香港的可爱之处就是我们还有街头巷尾的各位"写字佬"，他们替大小商人写下一个又一个大方得体的招牌字，而李汉先生就是其中一位这样的"写字佬"。

我是从 2017 年的媒体报道中读到关于"李汉港楷"的故事的。到 2018 年尾，终于真正认识"李汉港楷"的制作人李健明先生。从他亲述李汉先生和"李汉港楷"的故事中，我心中就对李汉先生写了个"敬"字，他和李威先生两人间的情谊，可以用"情与义，值千金"来形容。而对于李健明先生，就要写个"服"字啦！制作过字体的人就会知道，以个人的力量去绘画和制作数千上万字的字体，是一项极具挑战性且耗时的工作，要描绘毛笔字且同时保留其神韵更是难上加难。李健明先生却在没有受过任何电脑绘图训练的情况下进行这项工作，只能说声"佩服得五体投地"。

李健明先生的《你看港街招牌》一书，除了可以让我们重温李汉先生和李威先生的情义故事外，也让我们能更深入地认识香港招牌这迷人的风景和特色！

阮庆昌
"硬黑体"字体创作者

推荐序四
我看不止招牌

从前看好莱坞电影中出现的汉字招牌画面，第一时间浮现的是香港的街道印象，很多招牌都存在了很久，有时人会因太熟悉身边事物，感知麻木，变得理所当然，很少"再观察"。香港招牌给我一种积极、充满机会的印象，当中有着正面的价值。

现在的设计行业意识到设计本身不能脱离社会，字体设计也不只以表现力或技术优先，更多可从内容出发；从事字体设计的不一定要是设计师，设计只是方式或手段，应以人为目的，李汉伯伯留下来的字体通过数字化成为能再运用的智慧资产。招牌是城市景观的一部分，由人、事、物、景建构了香港本土故事，能让人们了解越多在地的故事，也会对城市产生越强的归属感，我乐见"李伯伯街头书法修复计划"做到这点。

意义不是一颗早就存在于草丛中的石头待人去发现，意义是要创造和经营的。李健明先生从资料搜集、整理字库、描绘原稿，到举办工作坊、展览及出版等，能看到其对文化保育及推广的努力。李先生正为此创造着意义。"李汉港楷"项目正在丰富字体和社会本身，李健明先生更把对招牌制作的多年心得及经验在本书中分享，此书对于在地字体文化补充具借鉴意义。

当我在澳门进行"澳门荣耀行"的招牌字体项目期间，经常和健明兄讨论交流，获益不少。两个城市的历史不同，却有着很多相似之处，喜见港、澳招牌字体的故事互相辉映。感谢作者邀请为本书写序，祝《你看港街招牌》一纸风行。

邓宝谊 (Benny Tang)
澳门字体设计学会会长
"鸟姿书"字体创作者
（正为澳门招牌书法家林荣耀先生制作电脑字形）

自序
港人港字・李汉港楷・你看港街

时间回到 2015 年。当时我在自家的招牌公司主要负责制作部分,有时出外安装招牌,都是一些小工程,或者是广告公司的小量急件。自知口齿不灵,计数又不精,所以通常都是由我姊联络客户,而我多数躲在一旁工作,解决制作上的难题。难听一点说,是有点"自闭"的。

有一日,我下定决心将"李汉港楷"电脑化,我把公司大柜内的毛笔字手稿拿出来,进行扫描、勾画,每个夜晚都花些许时间,将这些墨宝变成电脑字体,目的是制作一款市面上没有的字形,供自己公司独家使用。这就是制作"李汉港楷"字体的初衷了。后来又有一日,机缘巧合 地接触到正在筹备展览的长春社文化古迹资源中心,他们将我和李汉字体的故事带到公众的眼前。自此,我慢慢硬着头皮,接受媒体访问、出席讲座、办导赏团、搞工作坊等。

因为要向大众分享对招牌的看法,于是我将以前所见所做的招牌资料归纳起来。虽然从小已在老爸的招牌店当帮手,但后来发现自己的知识还非常不足,于是又做了一些资料搜集,外出时又常常观察各种招牌。加上这几年来认识了很多文化及设计界的朋友,使我在这三年间,对招牌的认识增进不少。

2018 年有幸获得非凡出版邀请,撰写一本有关香港招牌的书。自问从小只接触街坊招牌,很多招牌都只懂看不懂做,又怎可献丑写书呢?思索良久,最终得到一个结论:既然我只懂看,那就不如带大家看招牌、宣传品、告示、街道文字!

在《你看港街招牌》这本书内,你不会找到大量传统参考资料,理由很简单，因为我想用我的双眼，带大家去欣赏城市中的招牌，另一个原因，就是有关香港街坊招牌的参考书真的不多。

而且，我想以立足今日的角度去看招牌。十年前的香港，招牌当然比现在多，可惜近年遭大量清拆，街景大变。那么我们现在又可以看什么呢？透过这段日子的观察，也拍下不少香港招牌照片，其实香港仍有很多有趣招牌可以去看看的，在此书中也会提议大家怎样看招牌。

至于我选取的招牌例子，从巨大的楼顶招牌，到平平无奇的街市招牌都有。金碧辉煌、名家书写的招牌，可能坊间已有不少人介绍，但如果从一些平凡的、一直出现在你我身边的招牌中，能看到当中有趣的地方，令大家注意到招牌的价值，也是我企盼做到的。

这次是我初次写书，自问已尽力而为，希望大家对我的粗浅学识及拙劣文笔多多包涵。我以招牌佬的角度去看、去分析，如果书中有什么资料或观点上的错漏，恳请各位读者不吝指正。

李健明

目录

第三章　香港街头招牌制作

第七章　香港招牌游

第八章　李汉港楷字形制作

第一章

细说
李汉港楷

何谓写字佬

胡丁强位于旺角的写字档

文字是传递信息的工具，于是有人的地方，

有商业活动的地方，就有文字。

广告板需要文字，单据需要文字，招牌也需要文字。在没有电脑的年代，除非自己能写得一手好字，否则唯有找"写字匠"帮忙了。

写字匠，亦是俗称的"写字佬"。上世纪七八十年代，旺角街头聚集了不少写字匠，听说他们都在旺角砵兰街一带工作。根据著名书法家冯兆华先生（华戈）[1] 忆述，当时连同他在内，砵兰街约有九个写字档。因为砵兰街附近有很多招牌店，加上这里人口密集，各行各业对字的要求都十分殷切，于是写字匠也来到这里谋生。

第二次世界大战后，社会纷乱，不少人逃难到香港，为香港带来巨大的劳动力及经济资源。他们当中有些是知识分子，在乡间读过书，也懂得写毛笔字，部分人会为不懂认字的人写信赚钱，而书法了得的就会当上写字匠。

以前每位写字匠都会有各自的长期顾客，一般人都不会轻易转换写字师傅。顾客选择写字匠各有原因，有些是因为写字匠价钱实惠；相反有人追求名家题字，故愿花高价求字；也有因为写字匠效率高，交货迅速。比较有趣的是，有些店主觉得个别写字匠的字能带来好运，招牌用上他们的字，生意就会变好，所以即使他们的字不是写得特别秀丽，也有很多人乐于采用。

我综合了华戈、麦锦生[2]，以及我爸李威[3] 的口述资料，整理了一些 20 世纪 80 年代旺角区写字匠的名字，以及他们的简略资料。

1 冯兆华（华戈）：本地著名书法名家。——原注
2 麦锦生：本地仅存的小巴水牌写手。——原注
3 李威：招牌制作公司——耀华胶片广告公司创办人。——原注

许为公	擅长书写北魏体。
许一龙	著名写字匠。
欧基	字体流丽。
林怡	左右手都能写字,性格刚猛。
谢朴	安徽或浙江人士,性情和善。
陈有	写字流丽漂亮。
唐文伟	无线电视台字幕写手,在黄埔新村常见他题字的招牌。
张超	喜欢用淡墨汁写字,再以幼笔勾画外框。讨厌别人更改其字稿,会盖上"去白留黑,切勿涂改"印章。擅长写水牌上的小字。
黎震、黎光父子	字档名为"黎震寓",位于旺角南华戏院附近。黎震去世后,由儿子黎光接手。黎光嗜酒,据说喝醉时写字最出色。
李汉	擅长书写楷书,交货迅速。

黎光先生所书写的招牌字

在我爸的毛笔字收藏里,有少量李汉先生以外的写字匠的作品。这张以淡墨书写,再以水笔围边的字稿,不知是否属于张超先生的字呢?

疑似张超先生的字稿

写字匠的收入

据说生意好的写字匠，即使未达到"神级写字匠"区建公的造诣，收入也相当不错，足够支持举家移民外地。20 世纪 60 年代末，写一个一寸高的字收费五分，换言之，一个十寸高的字收费五角。到了 80 年代，华戈替人写字，每寸字已涨价至五元。

旺角除了砵兰街以外，周围也零星分布着一些不为人熟悉的写字匠。麦锦生未学写字前，经常光顾黎光的字档，但遇着黎光生意太好，也会找另一位写字匠求字。这位工匠的字不及黎光出色，但也很工整，而且工匠脾气好，愿意替客户赶写大字。麦师傅称他为"肥佬"，表示不知道他的名字，于是我给麦师傅看一些我收藏的字稿，再考证"肥佬"写字档的所在地，估计这位写字匠的名字叫李汉，就是我最熟悉的写字佬了。

现时在旺角朗豪坊对面，仍有两位硕果仅存的街头写字匠，文锡先生及胡丁强先生。我问过文锡先生，他说现在已不会在街头写字，免得途人聚集围观。环顾他们两位的写字档，现在已变成以制作凿字字模为主，毕竟现时电脑字流行，差不多取代了手写字。而昔日的写字匠已不复见于街头，可能已转型成为书法老师，例如华戈一边教书一边替人题字。每当农历新年，街上会有一些"期间限定"的写字档，替街坊书写挥春，也算是写字档的延续吧。

李汉与我爸
李威的结缘

写字匠李汉在退休前，慷慨将一套字赠予我爸李威，当中所付出的时间和心血非常庞大。我听说有写字匠对记者表示，写字就是他们的谋生技能，将自己的一整套字赠予别人，实在匪夷所思。由此看来，李汉与李威交情相当深厚，才会有李汉港楷手稿的诞生。

早在 20 世纪 60 年代，我爸李威已开始制作招牌。至于他何时认识李汉，确切时间并不太清楚，大约是 70 年代吧。我爸见李汉个性和善，又肯替别人赶工写字，乐于助人又没有架子，慢慢地就变成了朋友。

有关李汉的生平事迹，我知道的相当少，只知他比我爸年长，后来更称呼我爸为"细佬"，可见他俩情同手足。

李汉从内地来香港谋生，一家居住在狭小的公屋，属社会的基层人士。根据我爸一位相熟的招牌行家描述，李汉在写字档除了替客人写字，闲时亦会努力练字，有时一天下来，写得不满意的字稿甚至会堆满了垃圾桶。

　　李汉在什么时候开始从事写字匠工作，已无从稽考。不过他在 1982 年荃湾竹林禅院重修时，替寺院写了多副对联；所以现时在该处的建筑物及香炉上，都可找到他的题字。由此可见，在 20 世纪 80 年代初期，他的书法造诣已有所成，可登大雅之堂了。

　　李汉一直为街坊服务，替不同的招牌师傅题字。他所书写的招牌所涉行业极为广泛，囊括衣食住行，金铺、中西医、佛门对联，甚至色情招牌都有。反正职业无分贵贱，凡是对字有需求的客户，他都会一一满足。

李汉身世

　　根据我爸忆述，大约在 80 年代末，由于李汉家中环境挤迫，他曾在我爸位于黄大仙的招牌店内暂住。日间在招牌店内写字，同时透过使用招牌店的电话，联络各方求字的客人。只是过了不久，大概因为旺角比较方便工作，他找到开档位置后便重回旺角摆档。

　　大约在 90 年代初期，李汉自觉年纪渐长，健康转差，就开始计划退休。他担心日后没人替李威写字，便有计划地逐渐将自己的墨宝留下来，好让李威可以使用。记忆中，李汉曾拜托我姐姐替他准备写字用的纸张，以及在纸上画上方格，方便书写。李汉是根据一本《中华字典》按部首书写字稿的，写了一部分后，觉得不

20 世纪 60 年代的李威

荃灣竹林禪院

满意，便写了第二次。可惜第二次还没写完，不知道什么原因，只写了一千八百字，其他原稿就没有出现过了。也就是说，现在流传下来的两份楷书手稿，都只涵盖字典的前半部。幸好我老爸在日常工作时，也会把李汉的字收集起来，为我日后完成李汉港楷电脑字形，提供了莫大的帮助。

李汉第一次写的手稿

李汉第二次写的手稿

隶书手稿

大约在 1992 年，李汉把两个红白蓝帆布袋放在我爸的招牌店门前，当时我爸不以为意，后来才发现里面全是隶书手稿，点算过合共多达二千字，肯定花了不少心血完成的。我爸说这期间也有到李汉位于赤坎的家乡探访，得知他在那边建了房，与家人同住，在那里退休终老了。

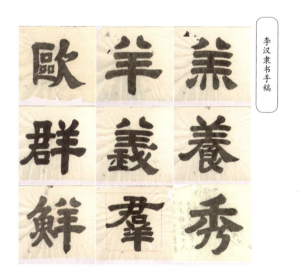

李汉隶书手稿

在李汉留下手稿的同时，我家招牌店也刚引入电脑，亦开始使用电脑字形制作招牌。当时我已经想着手开始将李汉的手稿扫描下来并电脑化，只是当时电脑速度很慢，我们的电脑技术亦不足，在电脑化工序开始不久，便半途而废了，字稿也在公司的大柜里面沉睡二十年，静待重新面世的机会。

李汉写的楷书

李汉写的楷书招牌

招牌总敌不过时间洪流。

香港地少人多，环境十分密集。商户制作招牌，都希望自己的招牌比较显眼，以吸引客户目光。无论以前或现在，商户对招牌的要求，可谓是大同小异的，即使现时是使用电脑字形的年代，也可找到某些相似之处。

从电脑字形来看，可分为内文字与标题字两大类：

内文字	笔画普遍较幼，务求在印刷品上看得清晰。
标题字	笔画较粗，如果作内文字使用，很容易看起来糊成一团，但在远处看，会比较显眼。

一般招牌使用的字体，绝大部分是标题字，李汉先生写的楷书，就是专门为招牌制作而设的，符合坊间对招牌字的定义。李汉的字体是一种笔画较粗的楷书，远看起来依然相当显眼，而且辨识度高，笔画清晰明快。在书法风格方面，华戈认为李汉的字体取王羲之体结构、颜真卿行书厚度，行内人一眼就能看出是李汉字迹。

昔日许多店家订造招牌，都会希望招牌字体有气势，营造殷实形象之余，还不容易被人欺负及压榨，突显店铺稳健有实力。因此 20 世纪 70 年代及以前，不少招牌都以北魏字体书写。北魏字体是一种十分有气势的书法字体，字钩粗大有力，笔画狂放夸张。李汉先生写的楷书，也可找到北魏字体的一些特点，尤其是在他写的大字方面，风格更偏向北魏，可惜他写的大字存世不

多。而在他留下的手稿中，主要以四至六寸高的字为主（见上图），感觉不太凶猛，保留招牌字体力度之余，却又带点中庸的感觉，比较偏向楷书的风格。

一 体 成 形

在手工制作胶片招牌字的年代，写字匠除了要因应商户的要求外，也要配合招牌师傅的工作需要。香港生活节奏急促，不少客户也会要求招牌师傅在短时间内完成招牌。另一方面，招牌师傅也会想出一些方法，令制作及安装招牌更加便捷，例如尽量将每个字的所有笔画连在一起，那么在制作招牌时，便不会漏掉某些细小的点画，也不会因为字的部件众多，导致装错、装漏、遗失部件的情况，安装时也更快速。于是，一体成形的招

整个字每个部件均由牵丝连接，一体成形

牌字便出现了。

这种一体成形的招牌字可不是李汉发明的，在昔日的香港招牌上，常常可以找到，所以当时的写字佬都懂得写这种字。其实这种字并不难写，只须用行书的方法，以牵丝技巧将字里面的每个部件连在一起。当然，如何将"一体成形"写得合理又好看，就要看写字佬的功力了。这一方面，李汉做得非常熟练，所以有些招牌老师傅说，李汉写的字未必最好，但一定十分适合制作招牌。

随着电脑出现，电脑字形主要作印刷之用，文字"一体成形"这种传统智慧就慢慢地消失了。幸好现时市面上仍有不少旧招牌可作参考，加上李汉先生的手稿，才可以将这种小智慧流传下去。

其实李汉先生还懂得书写多种书法字体，只是没有人仔细收藏记录，以致留下来的作品非常少，而且就算侥幸保存下来，也不太分辨得出是否他的字。不能全面认识李汉先生的所有书法作品，实在非常可惜。

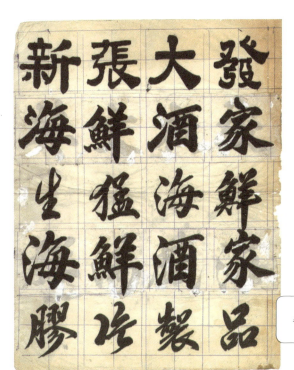

李汉先生能写各种书法字体

何处找寻李汉招牌字？

　　记得手写字招牌大行其道的年代，我并没有很留意招牌，一来觉得招牌很平常，随处可见；二来当时我还是求学阶段，还没有研究招牌的兴趣。每当被问及"以前李汉字招牌有多常见"这类问题，往往只能概括地说："李汉先生写的招牌，未必占全港招牌很大的比例，但感觉类似的字，却十分常见。"

　　我在近两年才开始留意街上还剩下多少李汉字的招牌。基于当时的写字佬都不会在招牌上留下署名，所以要辨认李汉先生的字，首先会凭着我的主观判断，再根

李汉写的北河海鲜烧腊饭店的旧招牌，已被拆毁

据李汉对某些字的特别书写方法，将招牌跟原稿或已经电脑化的字体对比来辨认。

不过以上方法都未必百分百准确地断定是否李汉的字，因为我在调查中发现，李汉书写不同大小的字时，风格会有明显不同：大字偏向北魏风格，小字则明显是楷书。李汉留下的手稿都以楷书为主，所以在判别大字时，会因手稿不足难以比较，唯有以旁边的小字作为佐证。单纯只有大字的话，那就很难判断了。

招牌上大小字风格明显不同，在其他李汉字招牌上都有出现

李汉大约在 1992 年退休，所以至今仍存在于街上的李汉字招牌，已有二十多年历史了（见下图）。它们大多分布在九龙区：一是黄大仙及新蒲岗，那是我爸招牌店的服务范围；二是九龙区弥敦道一带，以深水埗、旺角比较集中；三是九龙城、土瓜湾等地，可零星找到个别的李汉作品。至于其他地区，荃湾竹林禅院可以找到八副李汉写的对联；而在沙田、元朗、西贡、长洲都有李汉字招牌的踪影。至于香港岛则未有发现，即使我爸说以前有时会到港岛安装招牌，但现在已经很难找到了。

招牌说！

小巴水牌工匠——麦锦生先生

麦锦生先生，开设巧佳广告公司，从事招牌行业四十多年，制作各类型招牌，并以制作小巴水牌驰名香港。

Q：**李健明** | A：**麦锦生**

Q：请问你在什么时候开店？最初制作什么招牌居多？

A：我在 1978 年 8 月开店，最初米铺顾客居多，当时米签需求大，每间米铺需要过百支米签。我那时月薪大约一百元，每支米签索价三十元，每日我可造几支米签，收入算不错的。当时米签以胶片字制作，但上面的字很容易损耗。后来出现了电脑雕刻机，就多数用雕刻制作了。后来米铺式微，我们转为制作金铺报价牌、商场的小型灯箱，以及商业大厦水牌。公司水牌每条索价过百，可带来相当不错的收入。

Q：以前旺角区的写字师傅的情况如何？

A：他们主要集中在砵兰街，由山东街到旺角道一带。我自己懂写毛笔字前，曾经找华戈写字。但以前我主要找唐文伟写字，他是负责写无线电视的字幕的，相当出名。他很多作品都在黄埔新村一带出现。黎光继承其父黎震的铺位，取名"黎震寓"，在以前南华戏院停车场门口。行内人称他"醉猫"，他时常边喝酒、边吃饭、边写字，饭菜以小火炉保温，一餐饭可吃六七小时。他生意很好，客户要长时间等候。他大约1992年举家移民退休。我也有光顾旺角道一位叫"肥佬"的写字师傅，他的字比得上黎光，都是北魏风格的字，很受欢迎，他应该就是你很熟悉的李汉。

Q：以前制作招牌，写字都是按一比一大小写出来的吗？

A：是的，写字多数是按招牌大小一比一写出来的。要放大的话，只能用"打格仔"方式去做，但可能会走样，最多只及原稿八成，我亦见过有人用投影灯放大，但投影灯不便宜，每台要几百元啊。后来有了影印机，可以放大缩小，那就方便得多了。

Q：以前没有电脑的年代，要怎样画图样给客户？又是否要找专人去做？招牌的收费又有何准则？

A：如果是家庭式小招牌店，在工程开始前，一般都要找专人绘图。当时有一个绘图匠叫春叔，在行内很出名，专门替人画稿，以鸡皮纸绘图。

客户会向我们提出招牌有多大，然后我们会去现场量度，再出一份初稿给客户。客户觉得没有问题，我们会出彩图甚至实样（一比一图）作最后批核。

收费方面，以灯箱招牌为例，我们通常以光管的数量计算的，每支光管计一百元。如果灯箱上面的内容或制作方式复杂，必然要贵一些。

Q：你会建议客户怎样去造招牌？我也见过不少什么都不知道的客户呢。

A：首先视乎是哪个行业的

客户吧。如果是餐厅，我会建议招牌色彩比较丰富一点；时装洋服的话，配色要比较注意；文具店要较庄重；玩具店可以较活泼。所以最重要还是看行业吧。

Q：从事招牌行业多年，你有什么最难忘的事？

A：最难忘一定是打台风。以前招牌用胶片制作，风暴过后一定会损坏，我们起码要熬夜一个月修理。现在招牌因为规管严格，支架比以前稳固。加上现在以灯布制作，台风过后只会损坏灯布，修理也比以前快得多。

Q：你是香港第一位购入电脑切割胶片机器的商户，当时需要投入大量资金。是什么

驱使你做这个决定呢？

A：1987 年，在一个展览中，我看中了一部电脑雕刻机，索价六十万，这在当时已可购买两个住宅单位，这的确是一个很大胆的投资。我 1982 年开始制作小巴牌，适逢冷气小巴出现，出现换车潮，小巴牌需求极大。用传统方法生产小巴牌已不敷应用，如用电脑生产的话，可廿四小时不停制作，质量亦有保证。加上这部机可制作其他招牌及制品，所以便作出如此巨大的投资。

Q：那机器的软件里面，有字体提供吗？最早引入香港的中文字体有哪些？

A：没有。如需要的话可以另外购买，每款英文字索价三千元。最早引入香港的中文字体是一个叫"神雕"的软件，其中一款字叫"狮王体"，我很常用。

巧佳广告公司引入的电脑雕刻机

Q：我家招牌店规模小，电脑化比你迟得多了。你觉得自电脑化后，对招牌行业有什么影响？

A：变化可以说是天翻地覆。首先是喷画出现，很大程度已取代胶贴字。加上喷画技术大有改善，以前半年就会褪色，现在经历三年亦可接受。加上价钱便宜，百多元一平方米，旧有制作方法已无竞争力了。

Q：现时招牌日新月异，你怎样看招牌的演变？

A：现在招牌已不是我们"胶片佬"专门制作的了。现时招牌品种多，百花齐放，没有一家店可生产所有种类的招牌。现在 LED 招牌技术发展迅速，我也来不及去学习。有一次去客户办公室开会，别人问我招牌光度有多少"lux"，耗电量多少等等，问题都很专业，我也未能即时回答，这跟我们以前制作招牌，只需向客户交代基本资料已完全不同。据我所知，外国已开始流行一种技术，是新一代可随时变色的 LED，已经不是我们能制作的了。

Q：对旧招牌及招牌行业的消逝，你有什么感觉？

A：作为老一辈的人，自然感到可惜，但这是时代的巨轮使然，你必须接受。接受不了，难免被淘汰的。正如政府现时的"小型工程牌"政策，将我们这一班"胶片佬"淘汰了，招牌制作已转向专业化。

我有很多的旧雇员自己开设招牌店，但都慨叹没有生意。我的建议是除了招牌本业，还要兼营其他范畴，例如装修、铝材等，不要单纯制作胶片。

Q：谢谢麦师傅的分享！

旧式街头招牌

第二章

如何看招牌

招牌的作用

　　招牌是公司给人的第一印象，招牌造得金碧辉煌，能够提升形象，如果用名家题字，字体写得磅礴有力，更显得气势不凡，游人会驻足欣赏，从而带动客人光顾。如果招牌造得细小不显眼，客人看不见，就不知道店铺所在，商机也走了。若一家诊所的招牌字体歪歪斜斜，你会相信这家诊所医生的医术吗？

展示商店名

　　说到招牌的作用，最基本的就是展示商店名称。绝大多数招牌都会写上店名，甚至地址，指引客人如何找到店家的所在地（见下图）。以街市的摊档为例，采用红色胶片字，放上二到四个字就足够了。如果是写字楼、商行的话，可能要展示中英文名称。

标示所属行业

　　招牌的另一作用是标示公司的所属行业，最明显的是一些形象化的招牌，例如眼镜店的眼镜形状招牌（见下图）。这种招牌的最大好处就是一目了然，就算不懂中文的外国人，也能按图索骥，找到所需服务。在这种情况下，店名反而变成次要的了。

显示服务范围

  招牌除了店名之外，最常显示的就是店铺的服务范围，或者是店主的个人资料或专业资格（见下图），让客户能作出正确选择。例如以下两个招牌，专科医生会列出学历、专业资格，让病人可以找对医生；另外也有风水师详列服务类别，上至神功，下至命名，也算是一种有效的广告宣传。

社区地标

一些历史悠久的店铺，除了门外的大招牌，室内都会有另一个木制的金漆招牌。通常这是由店主的祖辈留下来的旧招牌，一般都会挂在店铺后方墙壁中间的显眼位置，珍而重之地展示出来（见下图）。从门外看去，会同时看到两个（或更多）招牌，有时会形成层次分明、画面丰富的多重招牌现象。

有些尺寸很大或很显眼的招牌，往往会成为社区内的地标。区外不熟路的人，要向别人问路，都需要依靠地标指示。通常乘坐小巴叫"有落"的都可视作地标，例如佐敦的裕华国货、北角的新光戏院、新蒲岗的红A（见下图）等等，它们有一个共通点，就是有一个巨大显眼的招牌。随着招牌管制越来越严厉，这类地标招牌只会买少见少。还好现在找路都可以靠手机导航，毕竟时代已不同了。

是水牌
还是招牌

商户指南

香港是个地少人多的城市，所以很多不同类型的商户，都坐落在多层的工商楼宇里面。一些大规模的商场，内里可能也有为数众多的商店。如果要找到指定的某家公司，商户指南（俗称水牌）就是必要的工具了。

一般的水牌，都可以在工商业大楼的大堂当眼位置，或者是每个楼层的电梯大堂找到。近年来，有些比较大的工商大厦单位，会被间隔成多间小单位分租，俗称"劏房"，所以有时在单位门口，也可看见水牌。由于商户众多，当中每家公司所占的地方都不大，加上有些大厦的商户流动性相当高，通常都会使用可替换的牌子印上公司名称，俗称"水条"，方便随时更新水牌内的资料。而制作水条的方式，可谓五花八门，例如旧式的工业大厦内，多数使用刻字的胶片水条；而商业大厦比较讲求形象，可能会使用金属水条，当中的字则以丝印方式制作。也见过有些比较随意的商户，可能用纸写上公司名称就算。

在一些旺区的商业大厦门外，可见到一种比较大的"广告牌"，当中密集地安装上公司的名称，展示其所在的楼层单位，可算是一种"群集式"的招牌，也能担当水牌的角色。跟水牌有点不同的是，这种广告牌所展示的公司资料较多，例如专业资格、服务范围，以至电话号码都有。这种广告牌通常在比较旧的大厦门外出现，也可能受制于近年来的招牌规管，这类"户外水牌"近年来也不算多见。

商业大厦外墙的广告牌

　　近年有些多层商场大厦，都会善用外墙空间，加设灯箱或广告牌，让商户可在当眼处展示其所在位置，以吸引顾客上楼光顾，带旺人流。以旺角区为例，这种广告招牌越来越大，密集排列起来，其实跟一幅户外大型水牌无异。这样一来，水牌跟招牌的界限，也显得模糊了。

商场外墙的广告牌

水牌式招牌

谈到"水牌式招牌"，在旺角砵兰街，有一幅十分显眼，由多家娱乐场所招牌组成的招牌墙，大约有三层楼高。其上列有该大厦每层的"商号"，好让顾客寻找。这招牌的可观之处，一是这可算是一幅最大的"水牌"，由多个不算小的招牌，充当水条角色。二是其设计样式，颜色鲜艳，加上由粒粒灯 LED 组成的外框及文字，跟香港传统招牌大相径庭。骤眼看去，以为这些招牌是统一样式设计，但原来当中用字不单繁简体字，而其中一家单独地使用不同字体，有点令人摸不着头脑的感觉。

也来看看这招牌两边的阅读方向。虽然两边的字大致都是由左至右，但唯独楼层都放在马路中心位置，这也可以算是"局部读入铺"招牌吧。

旺角砵兰街的
水牌式招牌

如何学习看招牌

看招牌其实可分为看新招牌和看旧招牌两大类。一般而言，楼宇建筑的年期直接影响到招牌的新旧状况及形态。如果是新建的屋村或大厦，几乎不可能会找到大量的旧招牌，除非是从别处移过来具纪念价值的旧招牌，否则招牌不大可能比建筑物古老。

新屋村

现时新建的公营房屋屋村，很多都不设街市只设商场，由管理公司妥善管理。招牌的大小一般都受严格限制，商户大多都是集团式经营，鲜见街坊小店或独立商户。在这样的环境下，我们都会见到一些很"规范"的招牌（见右图），每家商店不论行业都是一式一样的，对社会大众来说是很糟的情况，只能用惨不忍睹来形容。

有些商场情况较好，招牌制作相对精美，经过精心设计，色彩缤纷，会利用最新、最流行的方式及物料制

作（例如 LED、吸塑、平版印刷直接打印到物料表面等），虽然可能看惯了有些生厌，但聊胜于无，有兴趣的不妨细看，自行判别好看与否。

如果是新建的大商场，情况又会怎样呢？现在的商场在建筑方面大多花尽心思，楼底高，空间感十足，加上店铺的装修亦比较讲究，招牌相对而言，处于较次要的地位，除非是占有庞大铺位的名店，否则比较难见到令人眼前一亮的招牌。

旧 地 区

如果要欣赏旧招牌的话，大可以去旧区看（见上图）。可是并非每个旧区都能找到大量旧招牌。以旺角、铜锣湾为例，仍留有一定数量的旧楼，但因为交通便利，租金高昂，导致店铺流转很快，旧招牌自然加速消失。当中留下的少数老店，可能是自置物业，旧式招牌才能保存，于是这里的招牌，新的旧的都可以看到。我最喜欢去这些区域看招牌，因为可以看到最多种类的招牌之余，又看到旧招牌，即使是新招牌，也比较多样化，至少不像大商场或新屋村街市般沉闷。

　　想找到大量旧招牌的话，个人推荐上环及西营盘。一来香港岛比九龙、新界较为富裕，有机会看到比较华丽的招牌；二来该区地铁通车较晚，发展相对缓慢，旧楼林立，老店比例较高。

　　旧型的公共屋村方面，也能找到很多旧招牌。以华富村为例，至今仍保存古老的冰室、医务所、理发店等各式店铺，无论是不同字体还是制作方法都能找到，只是屋村土地广阔，要花点时间才可走完。另外一些旧街市内，可以找到白底红字的传统街市招牌，只要不怕环境脏，都可以去看看。

冰室

医务所

理发店

只看旧招牌吗？

香港在近年社会气氛变化下，盛行怀旧风潮。通常看招牌，都只会看旧的，而新招牌给人的不良印象，普遍可以归纳为下列几点：

- 粗制滥造
- 用色夸张
- 使用简体字
- 不耐用，很快损坏或脱色
- LED 灯很刺眼
- 集团经营商户，招牌千篇一律

我作为制作招牌的人，很老实说，上述问题其实昔日也存在，只是粗制滥造、不耐用的招牌，肯定不会保留到今日。以前也有用色夸张的招牌，但因为属少数，或因脱色问题，早就被换掉了。我们看得到的旧招牌，能经历数十年历史，制作肯定是比较精良的。正因如此，现在看到的旧招牌，多数是金字、红字或黑字。这些颜色就算脱了色，仍然比较显眼。

现在新招牌多以电脑喷画制作，很容易制作色彩缤纷的招牌及广告，甚至把照片加进招牌。在电脑出现之前，要制作含有照片的招牌，只可以用菲林打印，制作困难，成本极高。现时的技术是以前所梦寐以求的，所以今日的招牌或广告，只会比以前更丰富，不同的只是风格。现时更换招牌的周期，肯定比以前短得多。一方面香港租金高昂，租约期短，招牌制作用料肯定不如以前讲究，无可避免地比以前单薄，会使用价格相对廉宜的招牌。如果招牌损坏，现时可能直接更换，不会维修了。另一方面，近年政府对户外招牌的限制甚为严谨，造成小商户避免制作比较大的户外招牌，所以近年招牌也变得越来越细小，以符合规范。

至于招牌受内地风格影响，这可从两方面来看。一方面，一些被大众认为很难看的招牌，有相当大的部分的确来自内地，但通常都只是一些低价的招牌或广告，以应付最基层客户的需求。另一方面，我在广州繁华的北京路商业区所见，有很多设计新颖的招牌出现，看起来感觉不错。有些招牌甚至配合店铺的装修，浑然一体。虽然不知那些招牌在哪里生产，但估计大多数都是产自内地。内地厂家的素质比以前已有所提升，所以香港已有大部分的招牌会转移往内地生产，本地工人主要负责安装或维修工作。只要设计及监工环节做得好，其实现在的新招牌，也可以相当美观。

招牌的制作方法及外观，一直都在演变，例如由匾额演变而来的金漆招牌，变成我们熟悉的胶片或金属招牌，再变成胶贴及喷画招牌。现在更有大型 LED 招牌，虽然比较粗糙，但相信将会出现更细致、更节能、更坚固的 LED 屏幕，能时刻更新内容，到时招牌的功能及定义，将会大幅改写了。

近年来怀旧风气盛行，因此不少"仿古"招牌涌现。其实做得像不像，很多时候都是设计方面的问题，例如用错了感觉时髦的电脑字形（见下图），或者是制作方法不对，看起来仿真度不高。幸好现时社会对保育的意识慢慢提高，对传统手艺的保留传承更加关注。制作仿古招牌的话，最好还是使用传统工艺，霓虹或亚克力招牌都是可行之选。

广州大南路招牌店的展示橱窗

中国内地的"港式"招牌

再拿一家广州的港式茶餐厅做例子。看似平平无奇，但细看之下，可以看到仿古招牌及装饰。这家餐厅用上传统港式米字瓷砖铺砌外墙，右上角招牌也使用了真正的霓虹灯。最令我惊喜的是大门左边的水磨石招牌，手工绝对过关。当然细节上还有可以改善的地方，例如应该使用更合适的招牌字体，水磨石招牌

仿古招牌，却用上现代感的字体

广州北京路

的字要一次完成，避免后加金属字，粘贴在水磨石上，日子久了会容易脱落。原来内地现已有人掌握各种招牌制作技术，相信在未来的日子，会看到更好的仿古招牌，制作成本也会降低。

现在新招牌无论在设计或制作方面，感觉比以前变化多样，配合现时的社会环境，招牌跟以前有很大不同。现时亦不乏设计优秀、制作精良的新招牌，只是日常看惯了，不以为意。如果多点欣赏各种新旧招牌，便可以分辨当中的好坏。

外出看招牌，有什么要注意？

我发现原来有不少人跟我一样，喜欢在街上留意各类招牌。有些要点需要注意，跟大家分享一下。

应付店员的技巧

首先看招牌时，难免会在别人店铺面前流连，走来走去。如果在这时候知道自己被人注视，可能会令自己看似鬼鬼祟祟，心怀不轨。但要记住，自己并不是在做坏事，也不要左顾右盼，装作看其他地方，只需看自己需要看的东西就是了。有时我也试过被店员询问我在看什么。其实直接跟他说看招牌就是了，补充一下为什么我要看这个招牌，再说明自己对招牌有兴趣就可以了。通常这时店员就会停止追问，我也从没遇过被人为难，即便出来问我的，是一个外表凶神恶煞的大汉……

遇到十分有特色的招牌，当然可以上网搜索该店的资料，但最有效的方法，就是直接走进去问店主或店员。首先是要选择适当时机走进去，繁忙时间当然绝对不可打扰别人吧。我通常在走进去时，找年纪比较大的询问，虽然未必是店主，但通常都会对该店的历史比较了解。开口的一刻，必须直接道明来意，说自己对招牌有兴趣，再加上几句美言（这个很重要！），说该店招牌很有香港特色、有历史、很美丽等等。通常打开话题后，店主就会或多或少地向你提供该店的资料。

拍摄技巧

看招牌难免要把招牌拍摄下来，一般而言，在店铺门口看到值得记录的招牌，最简便的方法，就是用手机拍摄下来。遇到店家询问在拍摄什么，直接告诉他们在拍招牌便可。可以的话，给他看看刚拍摄的照片，通常店家看也不看，便返回工作岗位了。

单单使用手机拍摄招牌，效果未必最好，尤其是拍摄远方的招牌，或者是要拍摄招牌细节，便需要一个可供远摄的相机。单镜反光相机拍摄照片，无疑像素最高，但如果拍摄时拿着专业相机加上"大炮"的话，难免被人怀疑你究竟是不是记者，从而引起别人戒备，甚至可能因此干预拍摄。现在有许多便携相机，拍摄效果虽然不及单反，但可减少别人注意，店家亦会降低疑心，拍摄会较便利。

相机的焦距也需要注意。我有两部相机，一部像素较好，可以在夜间拍摄，焦距为 24~200mm，适合拍摄大部分场合。日间可在坐车时拍摄街上的招牌，以连环快拍记下所需要的招牌画面；夜间亦可拍摄霓虹招牌和 LED 招牌，微粒不太粗，反正不是拍摄艺术照片，足够用来记录便可以了。另一部相机是超远摄相机，机身稍大，但焦距长达 1400mm，可以在远处拍摄招牌及其细节，减省步程之余，由远方拍摄招牌，图像不会变形。近看的话，因为在招牌下方，难免要仰视招牌，或者要用广角镜拍摄，造成变形。

如果在新建的大商场拍摄招牌照片，就要注意商场是否禁止拍摄。在那些地方用单反拍摄，肯定是自找麻烦；就算是便携相机也可免则免。如果真的想拍一张半张，最好用手机拍摄，总之不要拍摄别人隐私，或拍不合法的照片就可以了。

最重要的放最后，看招牌时，要环顾四周，注意安全，小心车辆行人，不要撞车、撞人、撞灯柱。

招牌上的英文

阅读有关字体的书籍，都会留意中文与英文排在一起的时候，该如何搭配的问题。现在有大量的电脑字形，当然可以随自己喜好去选择。最懒的当然是使用中文字形内含的英文字，但效果通常不会太好。

现在招牌看多了，自然会归纳出一些基本设计法则：黑体、圆体字因为线条平直，最好配上无衬线的字体（我们招牌佬俗称无脚字或平脚字），例如Helvetica；而宋体、楷体最好使用有衬线字（俗称鸡脚字），最常见的当然是 Times New Roman 了。

上图是一个比较有趣的英文例子。中文都是手写书法字，而英文居然用上两款字体，店名用草书，店铺性质则使用扁身黑体字，两者看起来有些相似，但这未必是当时英文字体的配搭方式，因为多数招牌都只会使用一款英文字体。

在没有电脑的手写字年代，我所接触到的街坊小店招牌，大多只有中文，这与区域及服务对象有关。我家招牌店在黄大仙，无论街市或附近七层大厦徙置区的小商店，街坊全以中文沟通，老一辈教育水平不高，所以招牌上不需要英文。

一般而言，需要附上英文的招牌，通常是诊所、写字楼、商业大厦及其范围内的告示牌等。我在街上拍摄的招牌当中，当然也有中英对照的。不知是否基于巧合，我看到的传统中英对照招牌，都是中文字红色、英文字黑色的。或许是想中文显眼一些，所以使用红色吧。

中英文搭配的招牌

中文字红色、英文字黑色的招牌

　　按照中英文搭配的惯例，楷书应该配上有衬线的英文字形，但在街上看到的中文手写字招牌，往往都配上无衬线字体（见上图）。这是因为一般招牌店为求制作快速，以及节省时间，英文字都是自己绘出来的，俗称"间字"。招牌师傅的美术水平往往有限，可能只可绘无衬线的"直脚字"。这虽然不符合现代中英文混排的习惯，但在手写字招牌上，往往都看得顺眼。没法子，可能是手写字的特权，看惯了有感情。

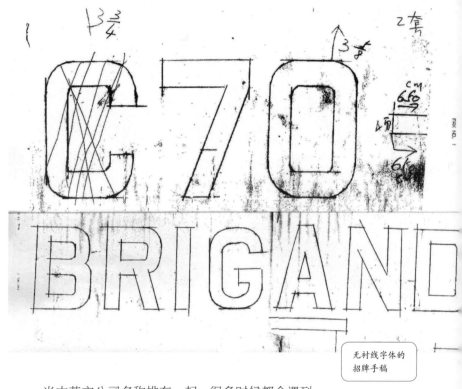

无衬线字体的招牌手稿

当中英文公司名称排在一起，很多时候都会遇到一个问题：中文字数比英文少得多。解决方法不外乎三种：一是缩短英文的长度，尽量用简写，但很多时候未必合用；二是把英文字缩小，或者把英文字排成两行，但中英文大小会很不平衡；三是最常用的方法，就是把英文字拉高一点，使中英文字大小比较平衡。

　　可是有些例子比较夸张，我见过将英文拉到跟中文一样高（甚至更高）的情况（见下图），而且这时英文会密得像二维条码一样，很难看出是什么字。

异体字

　　看到现在的小学课本极为艰深，我自问在中学会考[1]时，中文科成绩不错，但以今天的标准，或许会不及格了。原因是现时学习正确中文字的写法相当严格，例如"告"字的写法是"上牛下口"，"電"字的下方要穿头，"周"内的"土"要穿底……总之，原来我一直写错了很多字。以前老师要求没那么严格，只要看起来没有成为第二个字便可以了。

1 即香港中学文凭考试，又称"香港高考"。——编注

中文字怎样写，除了追本溯源，考究正写是什么以外，很大程度上都是约定俗成的，大多数人怎样写，我们都会接受。于是同一个字，会出现不同的写法，是为异体字。

香港在20世纪80年代以前，并没有像内地及台湾一般规范中文字的正式写法，以及没有整理出异体字表。因此，在香港可以见到异体字的例子可不少。例如食物方面有"雞"字及"鵝"字，地方名有启德的"德"字，以及玉器的"器"字等等。

李汉先生的隶书原稿

当然，所谓异体字不能由写字匠任意创作，也要根据前人习惯来书写；而在内地或台湾，均已整理出异体字表[1]；亦有书法家整理出来的字帖供参考，例如《田英章异体字大全》。

写字匠不时写出异体字，除了出于其个人学识以外，我估计也是想令招牌字更生动，彰显招牌的独特性，不会千篇一律。既然是手写字，写的时候可以随心所欲，不像现在电脑字那么局限。

举一个很常见的例子，就是"麵飽"。其实这二字的正写应该是"麪包"，但大多数店家将"麪"写成"麵"，可是"麵包"二字视觉有点不大平衡，"麵"字看起来总比"包"字大，所以给包字一个偏旁，成了"飽"字，两字变得平衡了。何况老人家常说"食包包食飽"（吃包一定吃得饱的意思），写成"麵飽"也变得顺理成章了。由此可见，异体字有助润饰招牌上字与字之间的平衡。

1 台湾有国字标准字体，内地的简体字亦有通用规范汉字表。——原注

我在看街道文字的时候，也有发现有些字的写法，跟现在的电脑字形不一样。可能是现代人写字的习惯与数十年前的不一样，当年的约定俗成，现在看来却有点奇怪了。这种情况，我在看李汉港楷原稿的时候也有发现，毕竟那是大约三十年前的作品了。

两个不同时代的"段"字放在一起。摄于薄扶林华人永远坟场

简体字

简体字是现时内地使用的规范字体。除此以外，新加坡、马来西亚等地也有使用简体字。有些人误以为简体字是在 1949 年后出现的，或者在 1997 年以前的香港很少使用。其实简体字自古以来就有，就像异体字一样，毕竟一个中文字很多时候有多于一种的写法。有关简体字的历史，这里不详述了，我也不是文字专家，只从使用方面的角度去分析简体字。

简体字其实一直都存在于华文世界，与繁体字夹杂使用。在手写字的年代，基于不同人的书写习惯，有时会使用简体字。例如在跑马地天主教坟场，这副非常著

名的对联，据悉已有近百年历史，当中"他朝君体也相同"的"体"字，就是简体字（见上图）。我也见过一些招牌，会有少量简体字夹杂在繁体字当中，应该是客户的要求。

内地在 1956 年发表《关于公布〈汉字简化方案〉的决议》，自此以后逐渐全面使用简体字。时至今日，一些内地驻香港的公司，都会使用简体字；但据我个人观察，除非是与内地，或新加坡、马来西亚有密切关联的公司招牌会使用简体字外，本地公司绝大部分都使用繁体字。

有时在制作招牌或告示牌时，会因为个别单字特别复杂而影响整体制作。以这件小小的锣字牌为例（见下图），当中"乱"字是简体。因为锣字牌是以雕刻机加上旋转式雕刻刀制作，而雕刻出固定粗幼的圆体字。这里"乱"字用繁体字的话，会因笔画过多而糊成一团；若用细点的刀去迁就，其他的字会变得太细幼。加上多数人也认得"乱"字，不影响阅读之余，远看亦更清楚。

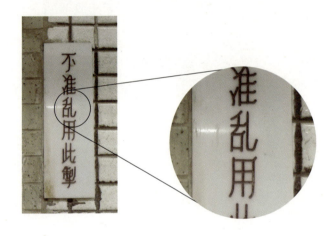

　　相同情况亦会出现在难以制作复杂笔画的情况上，例如铁闸镂空字、喷漆字或较小的胶片字。但使用简体字只会套用于最复杂的字上，基于香港人的阅读习惯，未必全部使用简体字。

　　有些人会对简体字有所抗拒，但我个人对简体字其实并没有太大感觉，文字向来都是传递信息的工具，视平情况使用便可以了。当然，我作为一个制作字体的人，感觉繁体字在美感上比较优胜；而一些具有传统中国特色的行业，例如药材店、跌打馆、古玩店等的金漆招牌使用简体字的话，说服力难免会打了折扣。

内地在 1977 年发表了《第二次汉字简化方案（草案）》，推出了二百多个"比简体更简体"的简体字，还有六百多个字留待讨论，这批字被称为"二简字"。但因简化程度可谓惨不忍睹，推行不足十年便废止了。虽然这批"残体字"最终没有得到官方认可，但有些仍在民间使用。在香港最常见的是将"街"写成"丁"（见下图），多数都是手写的指示，正式制作的二简字招牌，幸运地我还没有见过。

浅谈手写招牌字体

首先要讲明，我是不懂书法的，所以要讲手写字，有点惭愧，只能纯粹从招牌的角度讨论。毕竟从小到大，我对书法没有兴趣，也毫无美术细胞，在校时常常欠交美术功课，学科成绩差点不及格，所以要讲字的美学，纯属纸上谈兵，希望没有太多错漏吧。

2017 年有幸参加著名设计师刘小康的讲座，内容是分享台南的街道字形、庙宇匾额等，亦有谈及香港的招牌字。刘先生认为，现时招牌的设计及格式，很大程度上是从匾额演变而来的。在一个木牌上，字数较少，字体要工整醒目，威严有气势，看起来正规端庄，匾额和招牌有着很多的共通点。后来拜读小林章《街道文字》一书，介绍日本招牌看板的制作要求，列出三大要点：远处看得清楚，制作容易，以及看起来正规。这些要求到了今时今日，各地的招牌也能够套用。

香港风格字体

香港是一个人口稠密的城市，连带街道上所有事物都很密集。在这种环境出现的招牌，如果商户预算比较充裕，便会尽量把招牌造得巨大，但更多的是在有限的空间之内，尽量令招牌变得显眼。色彩缤纷固然是一种选择，但并不是各种行业都能接受，最简单直接的，就是从字体方面着手。

小时候看老爸制作招牌，和客人的对话，现在回想起来，就是很好的例子。作为一个招牌佬，有时会跟客人直接交易，可与客人商讨招牌设计，自由度较大，也可聆听客人的需求；有时会收到一些来自设计公司或建筑公司的分包工作，最终客户可能是大公司，一早已有设计定案，只要不是制作上有问题，依照设计图制作便可以了。

设计图当然包含设计师的理念，但最终拍板使用的是客户；而招牌字体的样貌形态，亦蕴含写字匠的书法功夫，但最终决定是否使用的，也是客户。换言之，无论是设计师还是写字匠，他们的作品很大程度上，都是基于市场需要。

市 场 需 要

谈到市场需要，可回到小林章提出的三个原则：远处看得清楚，看起来正规，都是客户的要求；制作容易，应该是招牌师傅的要求。所以写字匠写出来的字，必须满足招牌师傅和客户，我认为，以前的写字匠，他们写出来的字，很大程度都是受市场的影响，他们本身的风格应属次要。

在香港这样的密集环境下，要使招牌显得比较抢眼，一是字要尽量大，差不多占满整个招牌；二是笔画要粗，老远便可看得到；三是最好用铁画银钩，字字有力有气势，令人感觉商户稳健可靠之余，也更有气势，不好欺负。

从招牌师傅的角度来看，要令制作工序简化，字体方面亦有学问。对一般招牌而言，粗笔画的字会比较方便制作，而幼笔画的字比较容易断裂，加上气势通常较弱，远看亦不清楚，所以招牌大字一般都比较粗。此外，很多手写招牌字都用行书写法，将字的所有笔画尽量连在一起，这样招牌师傅在安装时，便不会装错笔画，非常方便。然而，不是每种招牌字都需要笔笔相连的，制作铜字或金属字时，因为物料昂贵，招牌师傅会将字拆散，增多细小部件以用尽物料。此外，一些很大的字，如果将其拆散，也会方便制作、运送及安装。

在电脑出现之前，如果街坊小店要制作招牌，客户一般都会信赖招牌师傅，不会事先要求图样，连招牌上用什么字体，都是由招牌师傅决定的，直至收货一刻才知道招牌的样子。正是这个原因，在旧式街市里，可以见到五花八门的字体：楷书、北魏，甚至隶书的菜档招牌都有。

除了手写毛笔字外，有时也会见到手绘的美术字。因为不是电脑字形，没有专业字体设计师的制作及微调，质量难免有差异，但这也是手绘字的有趣之处。还有一些手绘美术字，营造丝带飘逸效果，这种手法常见于二十世纪七八十年代，现在已买少见少。

招牌中文
阅读方向

友朋小食
Macau Friend Store

照片提供：子乔
手作皂

有网友在社交媒体跟我讨论，说我制作的李汉字形风格古雅（我不觉得是啊！），所以书写方向应该沿袭中国传统，即从右至左。首先声明我不是一个书法家，只是一个招牌佬，而且字写得不好，以书法角度跟我讨论，已令我万分惊喜。其次是我通常从实用及制作招牌角度出发，基本上看得懂，没有误会就可以了。除非好像上图这个招牌，左右都读得通，又另作别论。

左右读

手写字招牌跟书法其实有很多差异。有时相邻店铺招牌方向不同，甚至同一地方的两个招牌，也会出现阅读方向不同的情况。简单来说，最重要是看得清楚、看得明白。至于向左读向右读，懂得阅读中文的人都会自动调节。

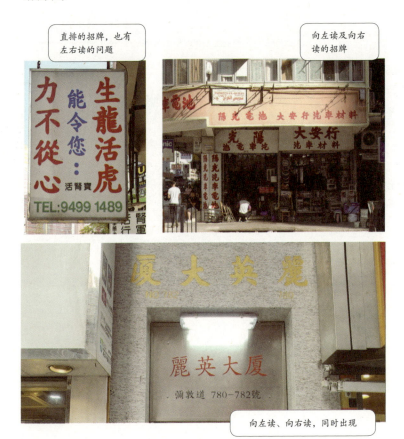

直排的招牌，也有左右读的问题

向左读及向右读的招牌

向左读、向右读，同时出现

读入铺

在香港的密集环境下，有时单单挂出招牌，或许不足以准确标示商号所在。有一种招牌十分常见，安装方

读入铺的招牌

向通常与店面垂直，吸引自店铺两侧经过的行人。

　　这种情况下，招牌两边的阅读方向有所不同，商户名称由马路向店铺方向阅读，以展示店铺所在，亦有将客人带入店铺的寓意，称为"左右读"招牌，我爸称之为"读入铺"。

　　读入铺招牌其实很常见，我在带导赏团时提起，参加者表示大多没有在日常生活中发现，可见大家都习以为常了。我也留意到只要是横向伸出街外的招牌，很多都是"读入铺"的，及至近年制作的双面招牌，才大多两边的阅读方向是相同的。

　　既然有"读入铺"，有没有"读出"的呢？答案是有的，但非常少见。我觉得这很可能是装错了，或者是迁就现场环境，故意将招牌安装成这样的。其实这并没有很多人会留意，也不影响阅读或美观。

读出铺的招牌

跳 跃 阅 读

　　另一种同时出现不同阅读方向的招牌，就是以店铺正门为中心，造两组招牌字，一组向左，一组向右（见下图）。至于由中间辐射开去，还是向中间读过去，视乎店主个人喜好，两种情况都见过，没有分对错。这种招牌应该比较旧式，新的招牌可谓绝无仅有。

有时这种左左右右的招牌的确会比较混乱，虽然看多了就习惯了，但个人还是不太喜欢。记得十多年前，新蒲岗出现过一个手绘油漆字招牌，字由建筑物的一角向两边辐射开去，中文如是，英文也如是，我每次经过抬头看都会笑出来。又有情况好像公开考试阅读理解题目般深奥，既非左读也非右读，总之几个字总会读得通，姑且称之为"跳跃阅读"吧（见下图）。幸好这种情况不算多，否则真的有点混乱呢。

阅读方向不清晰的招牌

从电话号码看招牌年代

　　我在带领导赏团时，不时有人问我，如何判断招牌的制作年代呢？当然问店主是最直截了当的，但未必人人都像我般脸皮厚，而遇着那店铺已结业，或店内无人知道的话，可从一些间接的方法来推敲。当中最有效及最准确的方法，就是从招牌上的电话号码得知。

　　有些招牌会写上店家的联络电话，也有些招牌工匠会在他们所制作的招牌上写上他们的名称及电话，一来方便店主联络维修，二来可作宣传之用。而手写油漆字招牌的下方，很多时候也会找到他们留下的"落款"及电话。

　　香港早在 19 世纪 70 年代便已引入电话，但相信当时打电话都要倚赖接线生。我在网上旧报纸资料库翻阅了一下，做了一个非专业的调查，记录了香港电话号码的演变：

年份	电话号码
1900—1920 年代初	三位数电话号码。
1920 年代中	四位数电话号码。
1930 年代	五位数电话号码。
1964 年左右	逐渐转为六位数电话号码，并加上地区字头。香港为"5"，九龙为"3"，新界为"12"，在 70 年代改为"0"。大约 80 年代初，在地区字头后，开始出现七位数电话号码。
1990 年	取消地区字头，全面改为七位数电话号码。与此同时，手提电话逐渐普及，已是八位数字。
1995 年	电话号增至八位。

1964 年后，电话号码转为六位数，并加上地区字头。因为位于同一区域不需要拨打地区字头，所以有时会省略地区字头。记忆中香港出现过九位数字的电话号码，那是属于传呼机秘书台的电话号码，于 20 世纪 90 年代短暂出现过，后来转回八位。

讲到传呼机电话号码，以前没有手提电话，传呼机就是一种常用的通信工具。当时需要打电话上传呼台，先向传呼员讲出要向哪位留言（每位接收者都有一个三至四位数字的代码），再留下简单信息或电话号码，待接收者打电话到传呼台听取信息。所以，当时传呼台电话与接收者号码，都会一并写在卡片或招牌上。

写法是：

一、345678 - 6789

二、345678 叫 6789

三、345678 call 6789

前段数字是传呼台电话号码，后段数字是接收者代码。这种传呼方法自 20 世纪 90 年代中文传呼机出现而慢慢式微，所以这种电话号码，多数在 20 世纪 70 到 90 年代初期出现。

根据我的观察，现存招牌同时写有电话号码的，最古老的是五位数字，但为数极少；而六位数字的为数仍有相当多。有些看起来很旧的招牌，但上面写有八位数字电话号码的话，就可以知道它有多久历史了。

同为七位数电话号码

☎ 7258660　　1128517 - 2866

承接装修工程

多重招牌

多重招牌引人注目，
更是实力的表现！

招牌的作用，除了展示店名字号，标示店面的所在，有时还会用作广告牌。如果店面空间充足，商户很多时候会制作多于一个招牌。至于一家店铺会制作多少个招牌，相信很少人会留意，反正街坊店铺给人的感觉没有很整齐，有时多一个半个招牌，也没有人会发现。

经过一些旧区，店铺位于战前旧楼之内，楼宇范围覆盖人行道，靠马路方向会有立柱用作支撑楼宇。这些柱子正是绝佳的广告位。在香港的旧照片中，可以见到廊柱广告林立的壮观景象。而且"骑楼"（露台）的外墙很多时候会用油漆字或水泥字写上店名，如果店铺实力较好，在楼宇外墙还会加上一个大招牌，若是霓虹招牌，会更引人注目。在店面两侧的人行道上方，有时会加上与店面垂直的招牌或灯箱，人行道上的人会看得清楚。

从正面去看店面，有时会看到一个很有趣的画面，就是同一时间看到几重招牌（见下图）。通常都会在一些比较富有的店铺出现，例如金铺或当铺，铺面较大而且深，装修也比较华丽。

如果逐层来看招牌，可以这样分析：

第一重	店面上方的大厦阁楼外墙。
第二重	店铺大门上方，以及店铺大门两侧。
第三重	当铺：大门内屏风； 金铺：店铺中间的横梁。
第四重	店铺最后方的墙壁或挂在店铺后方的金漆招牌，多为最古老、店主最珍而重的的招牌。

使用多重招牌的皮革店

　　我认为多重招牌除了是尽量使用店内位置，多造招牌引人注目外，还可能是出于实力的表现。就像中国古代的大宅，可分三进、五进、七进以至皇宫的九进，愈多进数愈是豪华，而招牌层数多，看起来也气派。

多达五重招牌
的金行

　　最极端的例子，是在中环曾经见过五重招牌，那是一间古老的金铺。招牌数量虽然多，但看起来和谐而不杂乱，路过时不特别注意的话，很容易错过。

　　多重招牌多出现在旧区，都是一些历史悠久的老店，很可能是自置物业，在保留旧式装修陈设之余，亦愿意花钱在招牌上。相反，新式店铺因空间较狭小，加上多数都是租户，租约期短，能花在招牌上的预算有限，因此很难见到多重招牌的现象。同样的情况也会出现在人均收入较低的区域、公共屋村或工厂区，毕竟这些区域大多都是小店，或者以服务街坊的行业为主，例如食肆、士多[1]、文具店、日用品店等，店面不会很大，所以一至两个招牌已经足够。

1 英文"store"的谐音，即商店、店铺，多指小杂货店。——编注

多格招牌

香港招牌有一个特色，就是特别霸道，特别想引人注意，自建筑物横向伸出，甚至延伸至马路中心。因为制作方便，很多时候都以铁架形式装嵌，并绝大多数以双面制作，在马路两边都看得到。这种招牌在香港多个区域都可以见到，但在研究香港招牌的参考资料中，却很少提及。我不知道这种招牌的特有名称，暂时称之为"多格招牌"吧。

多格招牌能在香港广泛出现，个人估计与香港环境空间狭小有关。因为很多招牌工场面积不大，甚至位处多层工厂大厦里面，如果要制作引人注目的大招牌，必定相当困难。就算拥有一个比较大的工场，能生产大型招牌，运送亦相当困难，所以将招牌拆散，到现场装嵌成形，能减轻成本之余，亦切合香港的实际环境。

香港招牌多以中文为主，在多格招牌上面，例如商标、公司名称等主要资料，很多时候都是每字占据一格；而一些次要资料，例如"公司"或"有限公司"，则可能每格二至四个字。至于文字的阅读方面，招牌两边很多时候都是相反的（见另章《招牌中文阅读方向》）。我没有见过英文在多格招牌上出现，因为英文由字母组成，每字长短不一，在这种招牌上，排版十分困难。

多格招牌其实有很多款式，带大家看看：

最基本的单层的横排式，手写油漆字

側向方形

双层，上层方形，下层长方形，下层一格两个字

横式与直式同时出现，其中一格是"有限公司"四个字

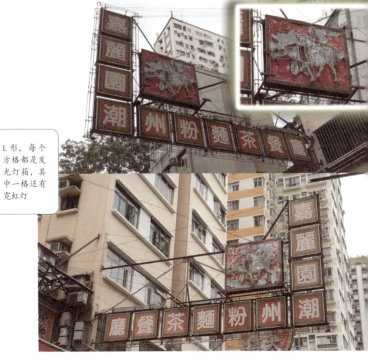

L形，每个方格都是发光灯箱，其中一格还有霓虹灯

很罕见的圆形与侧向方形

　　以上就是香港现时可见的招牌，而且绝大部分都是"读入铺"的格式，而"多格招牌"确实只适用于中文字，英文就无法如此制作了。

烂招牌的价值

　　每当在街上做调查找资料，除了金碧辉煌、五光十色的各式大小招牌外，我更会故意寻找一些制作粗糙，已经破烂，甚至已经拆毁的招牌。不要小看这些烂招牌，它们的价值或许不比一个新招牌小。

　　通常欣赏招牌，都想找保存良好、制作精美的，可是看这些鬼斧神工的作品时，却看不到它们是如何制作出来的，用什么物料制作，同时也将安装的方法隐藏得完美无瑕。所以每当招牌被破坏，或许就是研究招牌制作的好时机。

　　对于如何安装招牌，基本技术及方法我是知道的，可是我并没有安装户外大型招牌的经验，除了询问行家外，还要靠自己观察。看看上图这个"會"字，是在"山竹"风灾中被破坏的大型外墙招牌字，一方面从损坏的笔画可看到，这应该是个金属制作的空心字，而在墙上的巨型螺丝，可看到固定这个字的位置。

挂在门顶或墙上的招牌字，安装方法有很多，从这些痕迹里面可以看到，这些街市的招牌字，是以万能胶粘贴在墙上（见下图：左）的。而从另一个局部脱落的木制招牌字可以看到（见下图：右），这个字的底部是用木头制造的，用螺丝固定在招牌上，再用万能胶将胶片字面粘贴在木制字底上。

　　这里也有两个数十年历史的招牌字（见下图），因为表面被髹上油漆，难以断定其制作物料。在它们的破损位置可以看到，它们都是用木头制作的字，而且木质不错，大概是在十号风球[1]期间，被强风吹起的物件击毁的。

1 即十号飓风信号，为香港最高级别的热带气旋警告信号。——编注

对于那些安装在阁楼墙身外面的字（见上图），因为无法触摸，有时会将木字、胶片字或水泥字混淆起来。如果这些字日久失修破损，可从损坏的破口推断制作它们的物料。

上图是我在香港理工大学看到的一件珍贵的收藏，那是一个被拆下来的水磨石招牌的一部分。因为这是从

墙身拆下来的，所以连它底部的砖头、批荡，以至不同颜色的字及底色，所有结构都能清楚呈现，为这门已经近乎失传的招牌制作方法，提供了很多线索。

一场"山竹"风灾，破坏了很多招牌，不少都是有价值的旧招牌，令人惋惜。可是我发现少数被破坏的招牌的底层，原来可能藏着更古老的旧招牌（见上图），只是上手安装招牌时，并没有将底部完全清走。经过风灾后，老招牌重见天日，虽然可能没过多久又会再被遮盖或清拆，但也为我这个招牌的调查过程，带来一些意想不到的收获。

招牌说!

招牌师傅的禁忌

招牌师傅最不想做什么招牌?

这个行业有没有什么禁忌呢?

　　我在请教招牌行业前辈的时候,很多时候都会问:你们最不想做什么招牌? 招牌行业有没有什么禁忌呢? 我从事这个行业二十年,自问没有见过什么鬼怪奇事,也没有什么招牌是不愿做的。当然,亏本的生意就不会做，但这不算什么禁忌，只是商业原则而已。

有些招牌师傅会抗拒某些行业的客人，这不奇怪，但也只是个人的选择，特别是殡葬行业的商户特别受人歧视，据说真的有人不接这类生意，尤其是农历新年前后。对我来说，只要不是特别复杂而做不来的，我绝对不会拒绝这类招牌制作。

由殡仪行业的禁忌引申，有时招牌师傅会提点客户，尽量不要使用白底深蓝字，或者是深蓝底白字，因为传统来说这种颜色配搭常见于殡葬业。不过这也只是温馨提示，客人如果特别喜爱这种颜色配搭，或者是出自企业形象，当然会照样制作。现在蓝色字招牌也很常见，虽然有些招牌确会给老一辈的人"死人蓝"的感觉，但这种感觉是因人而异的，没有对错之分。

禁忌和避讳

制作招牌的麦锦生师傅告诉我一个例子，说明了招牌师傅替客户把关的重要性。一次有位客户想制作招牌，在佐敦道码头（已拆卸，现已成为豪宅）开设小吃档。为了突出香港特色，想把"香"字放进店名，又想有佐敦的地区性，于是构思了一个"好名"，但麦师傅听过店名，随即提醒店主：这个招牌造出来会被人取笑的。那个店名是——"香佐小食"（"香佐"与广东话"香咗"同音，意思是"死了"，见右页图）。店主也接受麦师傅的建议，改了别的名称。

香佐小食

　　说到行业的禁忌或歧视，很多招牌师傅是不接色情招牌生意的，我老爸就是一例。他说有一次有人找他造一个这类招牌，是急件，还愿意先钱后货，而且价钱非常不错。但完成这单工作之后，公司整个月也只得寥寥可数的生意。老爸觉得"好邪"，以后再也不造黄色招牌了。招牌师傅可不像的士司机，他们绝对有权拣客，"好邪"与否呢？大概是心理作用大于一切吧。

　　话说回来，现在很少人会大规模制作色情招牌了，只会偶尔造一两个。根据香港法例，公开展示色情招牌是违法的，连带制作色情招牌的人也会惹上官非。现在色情招牌已被一支荧光光管代替，再没必要花钱找人造招牌了。

　　时至今日，政府对招牌行业的规管越来越多，所有招牌都要符合规矩，须事先"入则"予相关机构批核，安装大型招牌人士，亦须领有政府认可的工程牌照。所以现在的所谓"禁忌"，就是"不合法"或"不会获批核"的招牌，标准比以前客观得多。

第三章

香港街头招牌制作

看招牌，要看什么？

　　我虽然从事招牌制作多年，对招牌的触觉比较敏锐，但要研究招牌，甚至教人如何看招牌，还是最近几年的事了。总结我的经验，要赏析一个招牌，可从下列角度看。

招牌的尺寸

　　巨大得如大厦天台的字及广告，细小得不及手掌大的门牌都可以看。鉴于近年大型招牌被大量清拆，现存的大型外墙招牌，都可视为"高危"，要看的话就尽快看了。

形状

　　方形或长方形招牌是最常见的，但有没有其他形状的呢？当然有，例如当铺的蝠鼠吊金钱、圆柱体的发廊花柱、形状千变万化的霓虹招牌等等。

颜色

　　近年的喷画招牌色彩缤纷，霓虹及 LED 也可用上多种颜色。教育机构、游乐场、商场等招牌，为求表达愉快气氛，也会用上缤纷色彩。一些高档商户用色比较夸张，金碧辉煌；相反街坊小店，用色一般，以显眼为主（白底红字或黑字），比较朴实。

文字内容

招牌内容最基本的是店名、业务范围、地址等，除此之外，有时还隐含一些旧时代的特征，例如药房的"代寄邮包"，杂货店的"籴米""火水[1]"等。英文、数字，甚至是其他外文文字也可留意，我个人对阿拉伯文招牌很感兴趣。

文字阅读方向

中文最常见的是从左至右阅读，比较古老的招牌会从右至左阅读。左右读或读入铺招牌在香港极常见，而有些货车上的文字，也会由车头开始伸延到车尾，也是另一种左右读的文字。记得以前有中英文招牌，连英文也会左右读，结果闹出笑话。

图画

现时喷画制作的招牌，可轻易把图画加上去。但昔日招牌以文字为主，图文并茂的招牌相对较少。保存至今的相信是以比较耐用的油漆手绘居多，而一度盛行以菲林或幻灯片冲晒的广告，因为非常昂贵，而且很易褪色，现时已被电脑喷画取代。

字体

中文招牌现时以电脑字形为主，自 20 世纪 90 年代起，以明体与黑体字居多，圆体较少，或只在告示牌出现。毛笔字体方面，旧招牌上可找到楷书、北魏、隶书、行书等字体；草书、篆书并不常见。手写电脑毛笔字形方面，台湾字体毛张楷、颜楷与本地手写字有一定程度相似。内地字体方面，以行楷体最为常见。近年亦比较多人使用日本的毛笔字形，胜在选择多，有气势，唯日本汉字在使用繁体字时缺字会很多，造成使用上的限制。

1 即煤油。——编注

制作方法及物料

招牌制作方法多不胜数，大概可简列如下，此章也会一一细述：

石制招牌	灰塑、水泥字、石雕、水磨石
木制招牌	油漆字、木制匾额
胶片招牌	亚克力胶片、锣字牌、胶贴字
金属招牌	镂空字、金属立体字
布料招牌	旗幡／横额、喷画、灯布
发光招牌	LED 灯、霓虹招牌

有时肉眼无法判别制作物料，在伸手可及的情况下，尝试轻敲招牌以作观察。注意，如遇古老珍贵或残旧招牌，最好还是眼看手勿动。

倘有其他制作方法，或者是混合以上两种或两种以上方法制作的招牌，不妨留意。

装饰

可留意招牌上有没有边框、装饰图案、商标，或者是象征不同行业的图案等。就算是单纯文字的招牌，特别是手绘油漆字，也可能会加上外框或阴影，以增强立体感。

光源

不发光招牌姑且不论，如果是发光的招牌，可分为由射灯照亮的招牌（例如灯布招牌，或者公司接待处的水晶字招牌）、灯箱招牌（灯布，告示，胶片招牌），或者是自身发光招牌（霓虹及 LED 发光字及灯箱）。

招牌制作年代

最直截了当的方法是询问店主，也可从招牌制作方式推敲（例如大多数水磨石或水泥字招牌，应该不会晚于 20 世纪 90 年代生产）；调查招牌所在建筑物落成年份；是否使用手写字（电脑字体在 20 世纪 90 年代才广泛使用）；或者从招牌上写有的电话号码或其他资料作出估计，等等。

招牌状况

保存良好的招牌当然值得欣赏，但有特色而状况差的招牌更要注意，因为可能会在短时间内清拆，就算不能把招牌保留下来，至少也要多拍几张照片，特别是可以把招牌破烂的地方记录下来，以了解招牌的制作细节。同样的观察方法，也可应用在已被拆下来的招牌上。

有些招牌虽然已损坏甚至被拆下，但可在其原来位置找到它们安装方法的线索，同样也值得被记录下来。

店铺或摊档环境

留意招牌所在的四周环境，招牌有没有出现过大、过小、设计用色特别夸张、与环境格格不入等情况。同时留意商户有否制作多个招牌，形成多重招牌等情况。

安装位置

根据谭智恒《沟通的建筑：香港霓虹招牌的视觉语言》一文，招牌在楼宇上的安装位置，可分为在建筑物上伸延、在建筑物外墙以及在店面三类。这些种类的招牌以不同的方式重复出现，遍及城市各处。一般而言，街坊招牌很难安装得很突出，那些几层楼高的大招牌，肯定是大商户或有实力的公司的招牌。

行业

　　某些行业有固定用色，例如中西医多用黑白，老人院用绿色，时钟酒店用紫色，等等。当然，最令人期待的场面，莫过于找到用错颜色，或风格与众不同的特例。另外，各行业有不同的招牌制作方法、物料、形状，以至大小等，都值得观察。

　　观察招牌时，最重要的是尊重店家，尤其想拍摄室内招牌时，务必要问准店主或店员。拍摄室外招牌，必须留意道路状况，避免阻挡行人，同时要小心车辆，注意安全。

　　对招牌有兴趣的人，不妨从理解招牌的制作方法及物料开始，从了解基础知识起，再逐步欣赏香港现存的港街招牌，继而分析招牌的资料。本章将会介绍多款招牌的制作方法及物料，从这些资讯中往往能看到意想不到的香港故事。

灰塑·水泥字

　　小时候我住在旺角，上海街有许多建有骑楼的旧楼，形成人行道上的"瓦遮头"。支撑骑楼的柱子，往往写上店铺的名称，有些比较精美的会用上凸起的水泥字。现在，香港已很少用这种方法制作招牌了，但在澳门和马来西亚的某些城市，仍可找到这一类招牌字。现在有些香港骑楼之上的楼宇立面，偶尔还可以见到。

灰塑

　　我近年研究招牌的时候发现"灰塑"这个名词。这是岭南地区常见的室外装饰艺术，以石灰为主要材料，加上稻草等原料，锤炼成草根灰，用来塑造成屋顶上的装饰物，以及建筑物上的字。我在屯门青山禅院找到不少灰塑装饰（见下图），十分精美，不同的灰塑字，形态及字体各异，十分值得欣赏。

其实灰塑字和水泥字看起来是一样的，市区楼宇立面上的凸字，因为讲求制作快速，相信未必会使用灰塑这种传统方法制作。香港可能已没有新的灰塑或水泥字，所以这些字的制作方法，都是我个人想象，或者由一些破旧脱落的水泥字（见下图）推敲出来的。

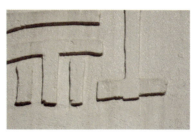

水泥字

直到 2017 年，有一次我在台北大稻埕，居然亲眼看到师傅制作水泥字！我当然把握珍贵的机会记录啊！现场所见，师傅先以镂空的字模，将字印在适当的位置上，再用小型铲子将水泥逐渐涂在字框上，经多层涂抹形成立体字。师傅的巧手还可以用水泥制成立体的装饰图案，令人惊叹。

台北大稻埕现场制作水泥字，是很珍贵的相片！

台北大稻埕现场制作水泥字

在香港的一些大厦外墙，可以看到一些很大的字，多数是大厦的名称。这些字估计也是水泥字，但这种字的制作过程，已没有详细记录，只有靠老师傅的忆述，以及个人的推断。

有别于小型水泥字，制作大型水泥字，先要将字稿在墙上放大，勾画出线条，并以木板或金属片将字的外框围起，再用水泥以批荡方式将字填满，形成一个有厚度的大字。昔日香港工资比较便宜，容许使用这种手工的方法，但现在已不复见，取而代之的是选用较轻的空心金属字，通常在内地制作，成本可大大降低。

以大型水泥字制作的大厦名

石雕

　　石雕似乎是一种比较不常见的招牌制作方法，通常石雕字会令人联想到碑刻，或是一些纪念大厦落成的碑记。

　　我在街道上搜集招牌资料的时候，也偶尔发现一些石雕字招牌。简单而言，石雕招牌只会在一些"恒久不变"的地方出现，所标示的资料不会经常改变，所以一般商店都很难找到这种招牌。

　　石雕招牌的出现，多半要配合大门及门顶，使用云石或花岗石作装修物料。在旧区的一些比较古老的大厦，很多时候都可找到这种大门。一般都是深啡色云石，配合石雕凹字的大厦名称，并填上金色字。

在庙宇也可以找到石雕字。有时殿堂的大门上，或大门两侧的对联，都会看到石雕字。一个比较特别的例子，在太子的一幢大厦内有一家道观（见左图），做了这种看似只在庙宇出现的石雕招牌及对联，在市区相当少见。

利用石料做独立招牌，同时旁边没有云石或石料铺砌，这应该是出自大厦负责人的喜好吧。以这两个工厂大厦招牌为例（见下图），这种相对昂贵的招牌做法，未必能做到耀眼夺目的效果，这可能是较少人选择的原因。

另外，社团、同乡会、乡村公所，以至乡村村口的牌匾，都会用上石雕招牌（见右页图）。这些组织，一来都有悠久历史，不会轻易搬迁或结业，二来可能因为

收入来源稳定，容许他们制作较稳固及耐用的招牌，因此石雕会是一个好选择。

那么有没有用石雕制作的凸字或立体字呢？除了庙宇之外，看来是少之又少的，因为费用可能相当高昂，石料可能在加工时断裂，风险较高，加上有木字或水磨字等立体字制作方法，所以相信现在未必会有人选择石雕凸字作为招牌。

水磨石

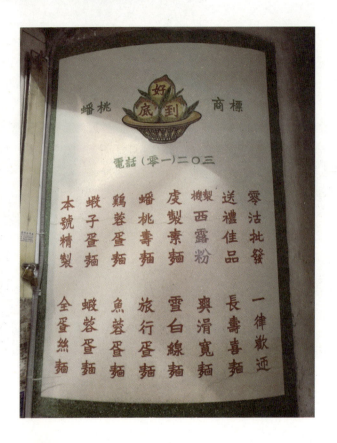

　　每次经过元朗"好到底面家",都要看看这幅由水磨石制成的广告。由上面写着的电话推算,这幅广告招牌已有最少五十年历史。然而它依然光洁如新,上方的蟠桃做工极为细致,颜色经历多年都没有褪色。这幅广告招牌，可谓是香港水磨石招牌的经典。

　　颜色经久不变是水磨石的最大优点。此外，在 20 世纪，香港人力资源充足、工资廉宜，容许使用这种人力密集的方式制作招牌。除了招牌以外，无论是室内外的装修、楼梯的扶手、大门门框，或者是铺设地台，都可以见到水磨石的踪迹。

水磨石楼梯扶手

工作坊的演讲者

水磨石工作坊

　　今时今日已没有师傅制作这种招牌了，所以要了解这种招牌的制作方法，唯有靠流传下来的资料，或者靠现有的师傅研究推敲出来。一次难得的机会，我参加了一个工作坊[1]，内容是水磨石的介绍及制作。当中介绍景贤里的复修计划，工作坊由内地和香港两地的专家合作，修补破坏严重的内外陈设，水磨石装饰图案也是其中的一部分。经过反复的研究，将制作方法，甚至水磨石当中的水泥成分，都推敲出来了。[2]

　　在工作坊里，师傅详细介绍了水磨石立体字的制作过程。先将招牌字颜色水泥调好，再将其灌注入工模中，这个过程必须经过拍打，将水泥里的气泡排出。等待数天后水泥干透，方可灌注另一颜色（底色）的水

1 古迹私塾：唐楼、洋楼、水磨石——建筑专题工作坊。——原注
2《景贤里——复修工程志》，汤国华教授著，香港：香港特别行政区政府发展局，第 96，97，136，137 页。——原注

泥入工模内，再晾干数天。水泥变干变硬后再以磨刀石湿水打磨，直至光滑。

香港理工大学设计学院信息设计研究室现时珍藏着一个装修时被拆毁的水磨石招牌。那是西营盘"正佳肉食公司"的旧招牌，连同墙身一起被拆下来。从招牌残件可探究这种平面水磨石招牌的制作方法。估计是先把墙身平整好，再铺上大约5mm厚的水泥，待其半干时，将有字部分的水泥移走，待墙身上的水泥底接近干透，再将字的颜色的水泥涂抹进去。字及墙身均干透后，再将墙身打磨光滑。

要欣赏水磨石招牌，可到一些旧区，例如深水埗、西营盘、湾仔等。至于在油麻地果栏，更可找到几家相连店铺的水磨石立体字，保存状态良好，非常值得一看。

油麻地果栏

油漆字

随着电脑列印横额的出现，油漆字已经买少见少。回看香港的历史图片，油漆字在香港街头曾占据很重要的地位，街头巷尾都可以找到。

虽然现时已很少人会用手写油漆字制作招牌，但是仍可在后巷或街道的墙壁上，找到手写油漆字的广告。最著名的当然是"通渠免棚"吧，据说作者现时仍活跃于通渠及"书法"事业。再早些便要数到"九龙皇帝"，当然他的"御笔"只能属于涂鸦，相信也没有真正由他题字的招牌。

记得小时候看过一些巨型的街头广告，都是用油漆字制作的，当时有很多中医师或药物广告，但近年政府大力整顿市容，不单会检控在街头涂鸦的人，而且会对这种油漆大字广告加以清理，通常以油漆遮盖，所以这种广告现已绝迹，要寻找它们的遗迹亦不容易。

观塘裕民坊的油漆大字广告痕迹

招牌代表着店铺的形象，所以一些店主很愿意花心思在招牌制作上。油漆字可以说是比较廉宜的招牌制作方法，很多街坊小店都乐意采用。根据长春社文化古迹资源中心的调查[1]，旧时街上有些写字匠会拿着油漆桶，向商户招揽生意。我没有见过这个情景，但有些写字匠

1 港式招牌，《NOW 财经》2018 年 12 月 28 日。——原注

会在已完成的招牌上，留下自己的名字及联络方法，以
作宣传之用（见下图）。

油漆字拥有许多优点，除了价钱廉宜外，还可以写
在不同的表面或墙壁上，相当灵活方便；遇到墙上有之
前留下的旧油漆字，只须髹上一层新的油漆遮盖即可，
不须繁复工序清除，不留痕迹。有时看到在离地几层楼
的墙壁上有手写油漆字，那就是以前的写字匠不畏危
险，在高空工作的成果。如果没有人为破坏，油漆字可
经历数十年不褪色，持久耐用。

木制匾额

匾额即是刻有文字的木牌，悬挂于殿堂楼阁的大门正上方或显眼位置或室内大厅正中，通常是用来标示建筑物或商号的名称。

有些时候，匾额也是一种珍贵的礼物，用来赠予重要的人物，收礼的人也会珍而重之地将其挂在家中显眼位置。以前若皇上御赐牌匾，必定是上等的荣耀。

匾额通常字数很少（大字四个），而且用醒目显眼的字体写上，这种比例和字体的粗细，相信对现代招牌有莫大的影响。

现时使用木制匾额的，主要是一些历史悠久的店铺。在中上环一带的海味店、烧腊店、药房等，都会珍重地将祖传匾额挂在店铺后方正中位置，在显眼地方展示。与此同时，店铺大门外的正上方会有另一个招牌，有些时候会尽量使用店内匾额的相同字体，形成多重招牌的格局。此外一些比较有条件的商户，例如金铺、古玩店、当铺等（见下图），都会使用木制匾额。

阴雕阳雕

木制匾额有凹字和凸字之分。凹字称为阴雕，雕刻时只需将字的部分雕去再上色便可，工序较简易；凸字又称阳雕，要将字以外的所有部分雕刻移走并平整，工序较复杂，要求亦较高。另外还有浮雕的木制招牌，不只价钱十分昂贵，而且一旦积了尘垢，也很难清理。

阳雕

阴雕

浮雕

现时仍有一些工匠制作匾额，还有兼营神像或木制工艺品的木器店，在旺角上海街还可以找到他们。而近年来木制招牌都会使用电脑雕刻，制作时间快，而且收费也很大众化，所以这种招牌也慢慢普及起来，在一些老字号的公司或者文化机构，甚至是食肆等行业，都非常合用。

食肆也使用木制匾额招牌

用木制凸字模仿阳雕效果，罕有地招牌上的字与底色相同，效果也不错

亚克力胶片

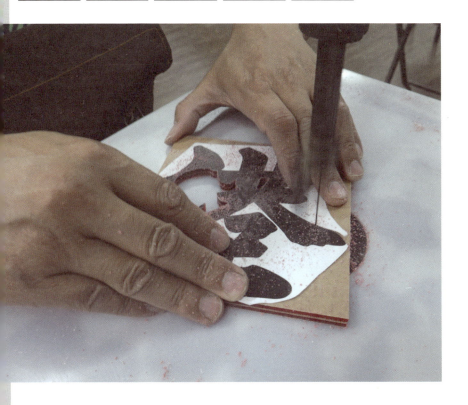

　　亚克力胶片又名"压克力"或"有机玻璃"，英文名称是"Acrylic"。二战时期，亚克力胶片属于军用产品，常被应用于潜望镜、飞机风挡玻璃、檐篷和炮塔等，战后开放给民间使用。亚克力胶片有透明度高、价格廉宜、加工容易等优点，现时广泛应用于招牌及广告业界。

这是我最常接触到的招牌制作方法。老爸经营的招牌店，大多制作中小型的招牌，亚克力胶片就是最常使用的物料了。记得我小学的时候，第一次接触招牌制作，就是用线锯机切割胶片字。我大约只花一个月时间就可以控制自如，于是完成了第一个由我制作的招牌字。还记得那是一间时钟酒店的招牌，好像直到2000年才被拆走。

像我这样一个小学生也能掌握的物料及制作方法，造价当然相当"贴地"，廉价的街坊招牌大多也是这样制作出来的。最能代表香港的白底红字招牌，在20世纪80年代或以前，主要都是手工制作的胶片字。亚克力胶片可以通过各种加工方式，制作各式各样的招牌，例如不同形状的广告灯箱，以至将胶片加热，制成吸塑招牌。款式五花八门，多不胜数。

亚克力胶片的招牌，遍布各行各业，全香港各区都可以见到。从最平民化的街坊招牌，到大公司的各种精美招牌都有。

概括我家招牌店所造的胶片招牌，可归纳出下列七种制作方式。

薄身胶片字

这种招牌大多数以大约3mm厚（1/8寸，行内称作一分）制作。这种厚度能够轻易地以线锯机切割。记得我初中的时候，已经可以在一天之内，制作二十个大约十二寸高的大字。安装这种字也相当简单。招牌师傅只需定好招牌字的位置，用万能胶把字粘上去便可以。如果只有四个大字，一小时左右便可完成。

街坊商户通常预算有限，只能以最廉宜方式制作招牌。如果客户急需造招牌，最快可以一天起货。对招牌师傅而言，这种超赶急的客户，可带来额外收入，反正制作简单，所以也乐于急急起货。

薄身胶片字

厚身胶片字

使用 9mm 厚或以上胶片制作招牌字。基于物料限制，厚身胶片颜色有限，所以通常使用白色、黑色或透明胶片制作，或者以喷漆加上指定的颜色。这种制作方法的好处是经久耐用，使用多年也不会自然损坏，但物料相当重，而且相当昂贵，也是这种制作方法的缺点。

厚身胶片字

水晶字

使用厚身透明胶片制作，通常会配合射灯展示，营造闪亮华丽效果，价钱也相对较昂贵。

水晶字

镂空托底

常见于广告灯箱。将所需招牌字在招牌上镂空移走，再在底部加上透光胶片承托。现时仍被广泛采用，但已比较少用胶片作底板的物料，而是改为金属底板为主。

镂空托底

藏平

藏 平

常见于广告灯箱，或一些需要经久耐用的图案文字。将所需胶片字在招牌上镂空移走，并用其他颜色胶片制作另一胶片字，完美装嵌在镂空的招牌上。因工艺要求极高，现已被胶贴字或喷画所取代。

胶片面及木底

一种比较廉宜的造法，表面用胶片制作，底部用木字。好处是成本较低，加工容易，但可能因风吹雨打而造成木字损坏。

胶片面及木底

吸塑

通过加热令胶片变形，制作出不同形状、具有立体效果的招牌。这种招牌仍然十分常见，配合藏于招牌字内的 LED 灯光，可以制成发光字，效果变化多样。

自从 20 世纪 80 年代中后期，电脑切割胶贴字迅速兴起，部分最廉价的亚克力招牌很快被取代。但因为胶片制作的招牌灵活性大，变化多样，价钱仍然相对大众化，而且通过激光切割，加工亦非常容易，所以在可预见的将来，亚克力胶片仍然是广告招牌的主要物料之一。

吸塑

锣字牌

二號樓梯ABCD座
此梯可到
直通关台

　　"锣字"是"电机雕刻"字牌的俗称。这种字牌的特点，就是字体单一，绝大部分都是由圆体字组成的。因为制作这种字牌，都是使用雕刻机加上旋转式雕刻刀（一般称作铣刀，俗称"锣刀"）制作，所以每个字的笔画粗幼都是固定的。亦因为铣刀以旋转操作，所以笔画的起笔及收笔均呈圆形。

　　锣字牌通常会在告示牌、电掣牌，或水牌上出现，比较细小。这种字牌之所以广泛被采用，是因为牌上的字是凹入的，经填色的凹字很难脱色，所以只要不被破坏，字牌是非常耐用的。

　　锣字牌应该在工业蓬勃发展的 20 世纪 60 年代或
更早时出现。当时的雕刻牌，都是用传统的雕刻机制
作。这种机械看起来很有趣，就像传统用来绘图的放
大尺一样，雕刻师傅通过字模的协助，经调校机器上
的比例，可雕刻出大小不同的字。而字模都是由雕刻
师傅人手制作的，我见过的字模都是以木板制作，师
傅先在木板上绘画出单线字形，再以手工在线上雕出
凹槽，制成可重复使用的字模。亦有些字模本身就是
另一件锣字牌，以胶片制成。我在拜访澳门的林荣耀
师傅时，他表示仍有使用手工制作锣字牌的，并展示
一件仍在使用的字模，非常难得。

传统手动雕刻机

111

锣字牌，其上是白色长条胶片字模

由于锣字牌的字模是由雕刻师傅自己制作，因此每位师傅所制作的字都会有所区别，这正是手工制作锣字牌可堪玩味之处。在不影响判读的情况下，异体字、简体字，或局部将笔画简化经常出现。而在雕刻字体的尖角时，容易令笔画变形移位，甚至令雕刻刀断裂，所以有时将尖锐的转角位断开，变成两笔，便可将问题解决。

小部分的锣字牌会有商标或图案，师傅都会特制"字模"。但因为需要特制，所以除了常用的标志（例如不准进入符号），可能价钱会比较贵，能找到的例子亦较少。

红圈内为经修改的尖角

自二十世纪八九十年代开始出现电脑操作的雕刻机（行内称为 CNC 数控机，简称 CNC），情况开始出现变化。首先是不再需要制作字模，取而代之的是单线的电脑字形。由于最早的中文雕刻软件及单线字体都是由台湾制作的，因此字的写法比较规范，以前常见的异体字近乎绝迹。而字体及排版比以前较为工整。因为使用电脑操作刀具，速度和力度都比人手操作稳定，所以遇上字体上的尖角亦不需太担心。

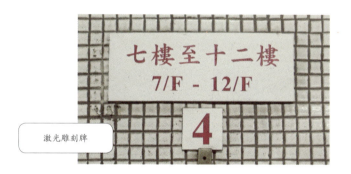

激光雕刻牌

到了 2000 年前后，激光雕刻机出现，开始取代由"锣刀"制作的锣字牌。由于激光雕刻机跟打印机比较类似，因此一来再不需要字模，二来可以制作任何字形，比以前方便快捷得多。虽然这种凹字牌偶尔仍称作"锣字"，但更多时会被简称为"Laser"，即激光雕刻牌的意思。

胶贴字

　　胶贴字制作可以说是简单灵活、价钱廉宜，而且制作时间短，适合节奏急促的香港人。我接过不少订单，就是一块门口招牌，要求半天内起货，这样的话，胶贴字就是最好的制作方案了。

　　翻看我老爸的招牌制作记录，早于 1984 年或以前，已有采用胶贴字粘贴于巨幅横额上制作招牌。除了招牌字以外，还可以处理比较复杂的彩色商标图案。如果用胶片制作的话，工序繁复而且价钱昂贵，效果也没有胶贴那么好。那时候我爸的店还没有购置电脑切割胶贴的机器，所以还需要用人手以美工刀切割胶贴，工序不会比切割胶片简单的。

直到 20 世纪 80 年代中后期，坊间才开始引进电脑切割胶贴机。我爸的店直到 90 年代初才购入，可切割十八寸宽的贴纸，费用要十多万港币。虽然对小店来说是不小的投资，但可以大大提高生产效率。除了切割胶贴字，胶贴机还可以将字稿放大，连带令胶片字制作更为便利。

胶贴字的出现，代替了很多繁复的胶片制作方法。除了一般的薄身胶片字，胶片的套色、拉通、藏平等方法已可以用胶贴完全取代，效果近乎相同，制作成本及用时大大降低，价格当然更便宜。

当制作比较多字的时候，胶贴字的优势更为明显。首先是胶贴机的切割速度，当然比手工制作胶片字快得多，而且粘贴招牌上的字时，胶贴字可用"定位纸"将所有字及图案连在一起，不必逐字装上。我爸笑说，以前最怕制作医生的诊症时间牌，因为制作时间长，可能一天只能完成一个；但用胶贴字的话，最快一小时便可以完成了。也有一些客户可以用这种方法自行粘贴招牌字，不用师傅到场安装，价钱当然可以便宜得多。

使用质量较好的胶贴字，可以做到容易粘贴，就算撕去也不留痕迹。在临时的店铺、散货场，或者是展览会场，胶贴字都可以大派用场。一些时常需要更改资料的广告牌，例如价钱部分，如果不想手写的话，使用胶贴字是最好的选择。

胶贴字的缺点

　　然而，胶贴字也有缺点。在户外的环境下，胶贴字可能因不耐热而导致脱落，不如胶片字或金属字耐用。在一些常常被人摸得到的地方，例如商场玻璃门上的字，都会很快损耗脱落。遇到一些"手多"的人，胶贴字更容易被破坏。

已脱落的胶贴字

　　随着电脑喷画的出现，相当一部分胶贴广告被取代。然而胶贴仍有其功用，所以现时胶贴及喷画可谓各司其职，在可见的将来，胶贴仍会被广泛地使用。

镂空字

镂空字即是在纸、木板或金属片上，将文字或图案部分移去，造成文字镂空的效果。镂空字应用范围广泛，最常见的例如字唛、文字模板，还有通花铁闸上的字与图案；还有些招牌是直接镂空金属片或胶片制成的。

字 唛

字唛是复制文字或图案于不同表面上的工具，利用喷漆在模板上喷射，就能快速地复制文字或图案。通常一些大厦告示，或停车场地面的数字，都会使用这种

旺角招牌档

文锡先生
（照片提供：梁耀成先生）

方法制作。制作字唛的物料以金属薄片居多。在旺角街头，仍可见到硕果仅存的写字匠文锡先生及胡丁强先生，在锌铁片上刻凿出文字。虽然现在已日渐少见，但市场对此仍有需求。

另外一种手工字唛，常见于货车车身文字的制作。香港市面上的货车字，目测超过一半均使用相同的字体。细看之下，并不属于任何现有的电脑字体，而是手写的北魏体。我问过公司附近的车房，他们都说货车字都是用喷漆配合纸制字模制作的，字模是由位于新界的杨佳先生制作。

货车字

纸 制 字 模

杨佳先生
（照片提供：Naldo Wong）

　　根据陈濬人《香港北魏真书》的描述，杨老先生师承香港书法名家区建公，写得一手好字，由书写到制作纸制字模，杨老先生均一手包办。我也跟杨老先生的儿子通过电话，他说杨老先生的手写字，合共数千字，现时储存在电脑里，方便检索使用。

　　至于纸制字模的使用方法，跟金属字模略有不同。喷绘车身字时，先将纸制字模用水喷湿，使字模能均匀贴在平面或弯曲的车身上，待字模干透后，便可使用喷漆来喷字。纸制字模的好处是喷出来的字，边缘比较锋利，没有恐怖片般的"滴血"效果。但其缺点是不能重复使用，只可使用一次。

另外还有通花铁闸，常见于旧区，成为香港街道的特色。这种铁闸又称"榄闸"，除了不同的图案外，最重要的是刻凿了店铺的名称。铁闸上的通花除了装饰用途外，还有通风的效果，使店铺在关上铁闸后，室内空气依然流通。此外，通花能让室内的人观察外面的状况，就像现在的防盗眼一样。

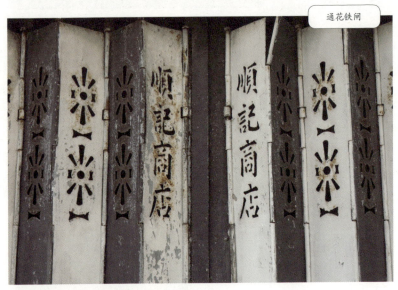

通花铁闸

公共游乐场也使用镂空字

最近我留意到一些新造的招牌都会使用镂空字。通常都是用仿生锈的金属片，上面的字都是镂空的，招牌底部衬托 LED 灯，营造渗光效果。现在的镂空字，很可能是使用激光机切割，应该不会使用手工制作。

金属立体字

金属招牌字较木字或胶片字，看起来比较高贵，因此相当受欢迎。虽然在街市或士多等小店找不到这种招牌，但一些药房、餐厅、酒楼等街坊店铺都有广泛使用，日常生活中也常常会接触到。

金属字可分为实心字和空心字。实心字相对较为少见，原因是这种字非常重，只适用于比较细小的字；二是制作相当困难，无论切割或加工都很费工夫，虽然近年可以使用激光切割，但仍相对较少人使用。基于上述原因，实心金属字比较昂贵，但如果是不锈钢再加上镀金，表面闪闪发亮而且经久耐用，我也会建议客户采用。如果是金属字焗上哑面油漆，看上去根本不知道是由什么物料制作的，那不如使用胶片字。

空心字的使用范围十分广泛。市面上看到的大型金属字，例如大厦外墙的立体字，店面使用的招牌字等，都是空心的字。空心字能使招牌字重量大大减轻，方便制作及安装，同时也能节省物料，使制作成本大为降低。此外，有些招牌字会将 LED 灯放在空心字里面，安装时故意稍稍离开背板，营造渗光效果（见下图）。

黄铜制作的招牌

金属招牌字一般用不锈钢制作，好处是价格不太贵，而且只要用料不是太差的话，一般都可以长期使用而不会氧化。也有一些是用黄铜制作招牌字（见下图），价格比较昂贵，一些有条件的客户乐于选用，例如金铺、大押、麻将馆等。黄铜色泽闪闪发亮，感觉高贵，但因容易氧化，所以要用"擦铜水"（俗称"省铜水"）洗刷，广东人所谓"省靓个招牌"也是因此得来的。当然，铜字不洗刷也是可以的，这也就是古铜的效果吧。

旗幡·横额

中环嘉咸街

还记得古装电视剧中，平民小店的招牌是什么样的吗？通常较有本钱的店家会用木制牌匾，但更多的是用布料制成旗帜，将行业或店铺名称展示出来。

旗 幡

招牌的其中一个旧称是"招幌"，所谓"幌"者，即有"巾"（丝织物）随风摇摆，以招徕顾客，"日光"

即耀眼吸引的意思，所以很能生动地描述旗帜状的招牌。现在香港很难找到这种招牌了，但在内地，旅游景区里面不难找到这种旗帜。

中国贵州

香港很少这类招牌，相信跟环境有关。一是香港地少人多，环境密集，空气污染自然严重。如果用旗帜作为招牌，相信很快会沾满尘垢，难以处理；如果遇潮湿天气或雨季，后果更不堪设想。二是香港每年都会遭台风吹袭，悬于室外的招牌，结构必须相当稳固，所以旗帜在香港并不适合作招牌使用。

这绝对算得上是招幌的一种啊，但已非常残旧

横额

　　与旗幡比较相似的是横额，通常是用作宣传比较多，挂在马路两旁栏杆的议员横额最为常见。20 世纪80 年代之前，横额通常以手写制作。记得小时候见过有些电影宣传横额，以丝印制作，主要是同一式样制作多份。80 年代末期，电脑切割胶贴字出现，制作横额大部分转变成胶贴字，横额上的字数或图案可以更丰富。

　　20 世纪 90 年代中后期，电脑喷画出现，横额上不只有文字及图案了，连照片及有渐变色的复杂设计也不成问题。

　　至于近二十年来的改进，主要在分辨率方面有所提高，色彩更丰富鲜艳，以及能在室外环境下更耐用等。随着价格越来越大众化，电脑喷画横额由昂贵的宣传品，变成了今日短期租约店铺最常用的招牌。一些对招牌没多大要求的商户，索性用横额贴在店面当作招牌使用。我也见过这种"临时招牌"一用就是几年，而且还相当耐用，没有破烂和褪色。

喷画

大学活动宣传横额，
绝大部分以喷画制作

记得 20 世纪 90 年代初，我还是个中学生，同学家中已有一台黑白 A4 喷墨打印机，好像价值四五千元。当时对我来说当然很贵！

到了 1995 年，暑假时在老爸的招牌店帮手，听闻有一家胶片材料行购置了一部巨型彩色喷画机，有机会当然要去看看。那是安装在墙上的一部机器，大概是将特定的帆布或胶贴纸（当时的喷画物料表面都有"涂层"，以吸收墨水）平铺在墙上，然后喷墨头就会有规律地在墙上打印出图像。

其实我没有亲眼看过那部机器运作，据说因操作很慢，打印出来的图像又不理想，后来就放在原地弃之不用了。行家间口耳相传，那部喷画机好像价值过百万元。二十多年前的一百万，应该可以买一个不错的住宅单位吧。

因为机器和材料都相当昂贵，喷画在千禧年前，属于较高价的宣传品。在此之前，如果想招牌上有各式各样画像的话，一是用菲林冲晒出来，二是由画师绘画，两者都不便宜。能够随心所欲地制作有图像、照片，以及七彩渐变效果的招牌，喷画就是最方便的选择。1999年我家招牌店购置了第一部喷画机，但碍于当时的技术，喷画比较容易褪色，所以现在很难见到当年制作的喷画招牌。

现在的情况大有不同了。近十多年来，喷画技术大有进步。以前的喷画既不防水，而且就算正常使用，也很快便会褪色，如果遭受阳光猛烈照射，褪色会更快，听过最极端的例子是喷画可在一日内褪色。这在现在当然不会发生，现在的喷画一般在室内使用，除非受到猛烈的射灯照射，一般在数年内，色彩不会有很大变化。

已褪色的喷画

喷画现在使用的场合极为广泛，最常见的是打印在胶布上，制作横额或各式灯布招牌。此外是打印于胶贴上，粘贴在胶片上制成招牌，装裱在墙上的话，就成为店铺的主要特色墙壁或广告了。近十年来出现的技术，就是可于胶片或金属等物料表面直接打印，制作告示牌或招牌。以前这都是用丝印、胶贴字或喷画贴纸制作的，能直接打印在各种物料上，图画文字更细致，亦大大减省制作时间。

地铁喷画贴纸墙身广告

贴在地上的告示

看似是黑板的感觉，其实都是以喷画胶贴制作

相当细致的喷画，直接打印于胶片表面

灯 布

香港作为不夜城，
怎能没有灯？

香港是个不夜城，当然不会"日入而息"，尤其是在晚上营业的商铺，必须制作夜间仍能清楚看到的招牌。最简单的莫过于在招牌四周加装光管以作照明，或者在适当位置装设射灯照亮招牌；预算较多者可制作霓虹光管招牌；也有相当多人选择灯箱招牌。店铺门顶的灯箱，大多是由装修师傅制作木箱或金属箱，内藏光管（现在已由 LED 灯取代），表面加上招牌用的胶片或灯布。至于大幅的广告灯箱，制作物料多数是金属，方便制作及安装。

有些商铺店面很阔，往往达到数十英尺[1]。这样宽阔的灯箱，如果表面使用胶片，基于胶片阔度有所限制（一般 8~10 英尺不等），往往需要经由多块胶片接驳，效果打了折扣。因此制作超阔灯箱的最佳方案，当然就是灯布了。

灯布的长度基本上是没有限制的（或许是有的，可能是数十米吧，但招牌应该没那么大），以前灯布上的字及图案，多数使用胶贴字，现在全被电脑喷画取代了。灯布四边都加上"鸡眼"圆孔，利用索带固定在灯箱四边的铁架上，最后用铝边或不锈钢边遮盖鸡眼孔，便可制作出一幅长而没有接驳的灯箱广告了。

大型灯箱广告

灯布四边的"鸡眼"，以及招牌铁架

1 1 英尺等于 0.3048 米。——编注

随着喷画机技术改进，可以制作更阔更大的图像。在海底隧道出入口，或者是大厦外墙的巨幅广告，都是用巨型横额灯布制作的。这些广告夜间都以射灯照亮，不像灯箱的光线由灯布背后透出，因此称为"前打灯灯布"。这些广告灯布因为是从很远的地方观看，而且经常更换，通常制作比较粗糙，印刷分辨率亦较低。

大厦外墙的巨幅广告

由于灯布制作比较简单，价格比胶片便宜，很多招牌灯箱或户外广告都使用灯布。不过灯布的品质参差，有些会因长时间日晒雨淋而褪色，有些会因索带损耗断裂导致松脱。另外，台风也是灯布损毁的一大原因。

LED 灯

　　还记得在 20 世纪 80 年代，日常生活中已可常常见到 LED 灯了。当时的 LED 灯只作为指示灯使用，扭开收音机，除了听到声音，红色指示灯也亮起了。既然是指示灯，光度小是必然的，不能作照明用。没想到二十多年后，LED 灯大行其道，整个广告行业亦为之改变。

下图这种招牌可以说是最基本的 LED 招牌，由 LED 灯粒组成文字及图案，以黑色作底色，突出灯粒图案。很多按摩或足浴店都爱用这类招牌，行业间你用我也用，慢慢地蔚为风气。然而由灯珠组成的文字图案，感觉粗糙，美感稍稍欠奉。

另一种是由金属字或图案组成，表面镶满 LED 灯粒。这种招牌我个人感觉很"霸道"，由 LED 发出的光线，无论日夜都相当明显醒目，但对于我这样有密集恐惧症的人来说，看到密密麻麻的 LED 灯，汗毛也会直竖。

由于 LED 发光的位置小而集中，因此相比霓虹灯那种柔和光线，显得极为刺眼，除非加装灯罩分散光线，否则 LED 灯粒使用起来并不方便。于是除了灯粒，也出现了灯带。

LED 灯带

LED 灯带其实也是由灯粒组成，只是灯粒更小，并且由胶带组合包裹起来，感觉没那么刺眼。可是光线依然十分强，所以灯带适合取代光管，作为照亮广告灯箱或发光字的光源，或者藏在不透明的金属字里，光线从字的后方渗出来，营造立体效果。以前要做这种效果，必须在整个招牌背后制作一个不透明的箱，内藏大量光管，再将字的部分镂空，用金属或胶片字遮盖镂空部分，光线由字的边缘透出来。这种方法复杂且昂贵，而且灯箱有一定厚度及重量，维修不容易。

LED 渗光字

LED 屏幕

早几年还有人用 LED 指示牌当招牌用，就是那种只有红色显示，通常用作股票报价的指示牌。目测那种指示牌寿命很短，很难撑过五年以上，现在留下来的，可能坏掉一半还勉强使用。近一两年多了大型的全彩色的 LED 显示屏幕，在铜锣湾某家百货公司

使用旧方法制作的
渗光字

崇光 LED 屏幕照片

外墙，用 LED 屏幕取代巨幅喷画，好处是时刻可以改变图像，不需再定期更换广告横额灯布。估计这个屏幕造价不菲，维修费用亦高。

最近有街坊小店开始使用较小型的 LED 屏幕作招牌用。可是这种屏幕近看依然很粗糙。不过 LED 屏幕现在发展得很快，相信再过三五年，效果应会有所改善。LED 屏幕虽然方便，但最大的问题，就是没有电的话便什么都不能显示了。店铺在营业时间以外没有招牌，是否会令人误会已关门大吉了呢？

小型 LED 屏幕

LED 的出现令招牌制作时间缩短，制作亦较简易，不需要像霓虹光管般须由资深工匠制作。而且 LED 灯比较便宜，损坏了也不会修理，往往直接更换。根据一些老师傅说，LED 灯使用两三年后，光度会开始衰减，颜色亦有改变，不像霓虹光管般耐用。但今时今日因租金高昂，商户朝不保夕，连店铺都维持不了多少日子，亦无须要求招牌可使用十年八年。

霓虹招牌

霓虹灯在 20 世纪初出现，并于 20 世纪 20 年代传入上海，照亮了这个当时中国最繁盛的城市，1946 年周璇一曲《夜上海》，唱出了当年的景象。与此同时，港英政府的宣传品中已有提及霓虹招牌，20 世纪 30 年代，香港设有霓虹工场。后来中国发生巨变，不少内地资本及技术都转移到香港，霓虹灯在香港得以大放异彩。

消费文化的象征

　　霓虹招牌象征的是消费文化，常见于资本雄厚的大商店，例如银行、金铺、酒楼、百货公司等；晚上营业的行业，更理所当然地使用霓虹招牌。酒吧、舞厅、夜总会等纸醉金迷的地方，都广泛地使用霓虹招牌。因为霓虹显眼醒目，一些预算极为充裕的国际大品牌，都会在大厦天台或立面，设立巨幅广告，足以照亮维港两岸。也因为霓虹在夜间发亮的特质，人们大概也不会在学校、社福机构、政府机构、老人院找到霓虹的踪迹。

　　制作霓虹光管，涉及高超的工艺。简单来说，就是工人将玻璃管加热，屈曲成所需的图案及文字，再将玻璃管两端封好，抽走管中空气并加入不同气体，使光管发出不同颜色的光。我问过一位前霓虹灯制作师傅，他说霓虹灯制作精良的话，可以使用十多年而不用更换，如果因为火牛[1]或供电部分老化导致霓虹管不发光，只须更换相关部件，便可以修理好。这样一来，霓虹灯其

霓虹灯制作过程（图片鸣谢：梁耀成先生，长春社文化古迹资源中心）

1 即变压器。——编注

实比 LED 寿命长得多，因为 LED 一旦某部分灯珠出问题，便须整幅更换。相比起来，霓虹灯的维修费用不会比 LED 高。

香港有霓虹灯，世界其他地方也有霓虹灯，当中最具代表性的，要算拉斯维加斯了。当然，两地的霓虹各具特色，拉斯维加斯霓虹面积巨大，用色夸张，而且闪烁不断，令人眼花缭乱。香港受制于街道狭窄，除了面对维多利亚港或大街的巨幅广告牌，招牌面积都不会像外国那么大。而且为求引人注意，很多招牌都是从建筑物墙壁上伸出马路的，例如昔日弥敦道形成的一片灯海，蔚为壮观。可惜近年来因为政府严格管制招牌，这种令香港引以为傲的璀璨景观，已不再复见了。

各地招牌都会有字，而香港霓虹灯上的招牌字，成了它们独特的标记。20 世纪 90 年代以前，霓虹招牌上的字，大都以书法毛笔字为主，其中当铺、金铺及麻将馆招牌上的北魏字体，风格夸张有力，符合香港人直白

霓虹灯与 LED 同时出现

硬朗的性格。近年来也多了电脑字体的霓虹招牌，虽然稍欠味道，但配合霓虹这种独特的光线，仍相当有特色。

霓 虹 外 形

至于外形方面，霓虹招牌也是极为丰富的，不像街坊招牌般单调。由最基本的方形或圆形等几何形状，到配合招牌图案设计的不规则图形，或者是源自 20 世纪的 Art Deco 风格，简约线条的图形等，不少霓虹招牌外观令人难忘。例如已拆卸的森美餐厅的牛形招牌，现在已由博物馆收藏。

现时香港的霓虹招牌已买少见少，拆卸速度之快，令人咋舌。有霓虹招牌制作师傅向我透露，已有两三年没有制作过室外的霓虹招牌了。另外，香港剩下来的霓虹招牌制作师傅已经很少，加上霓虹工场占地不小，基于租金昂贵，有些师傅已转行，放弃工场，改为从事安装工作。本地霓虹工场的数量，现已屈指可数了。

霓虹灯那独特的光线，在漆黑中显眼醒目，相比LED，却显得比较柔和，因此很多人仍然钟爱霓虹灯那种独特的感觉。虽然外墙霓虹灯需求已十分少，但近年来霓虹灯已转为高贵典雅的室内装饰，需求亦有所回升，情况就像黑胶唱片一样，主要用途就是供人怀旧一番。

最近到广州一转，看到当地的招牌工场，亦有生产霓虹灯，而且制作相当精美，也能做到将霓虹招牌室内化及微型化。灯管亦比以前看到的要细，可以制作更小更复杂的图案。虽然现时制作霓虹灯仍然依赖手工，没有出现新的技术协助制作，但因为霓虹灯在内地亦有需求，所以在可见的将来，霓虹灯这种招牌将会继续发光发亮，照亮香港这个不夜城。

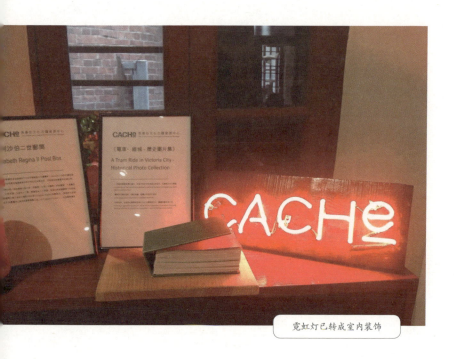

霓虹灯已转成室内装饰

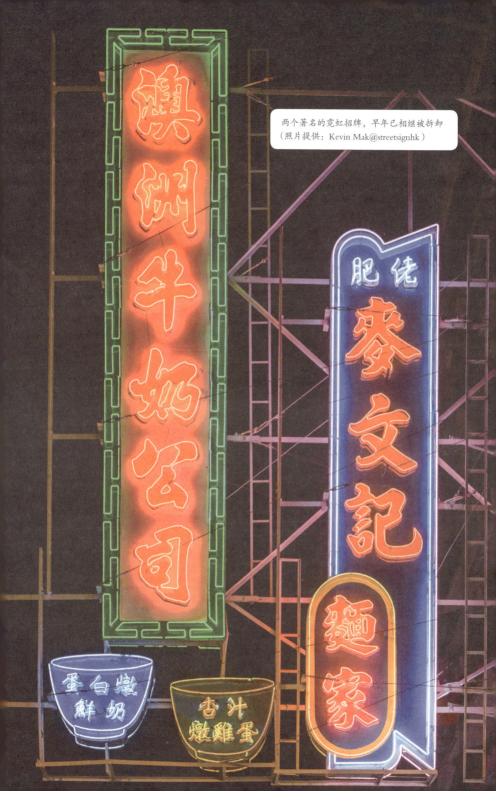

澳洲牛奶公司

蛋白燉
鮮奶

杏汁
燉雞蛋

肥佬

麥文記

麵家

两个著名的霓虹招牌，早年已相继被拆卸
（照片提供：Kevin Mak@streetsignhk）

招牌的边框

在电脑出现之前，很多街坊招牌都是以文字为主，有图像的或许只在大型招牌上出现。一般情况下，招牌上只看到店名及少量辅助资料便可以了，但总有人觉得这样的招牌太简单，嫌它有点沉闷，就会加上一些装饰。或许当时很多招牌师傅的美术水平都不太高，于是在招牌上加上边框，就是最简单直接的装饰方法了。

颜色边框

我在相当多的旧招牌上，都可以看到最简单的绿色边框，这应该没有特别意义，或固定行业使用，也许只是与最流行的红字是对比色，可以作衬托之效。而其他颜色边框亦有出现，红色、黑色或黄色都有见过。

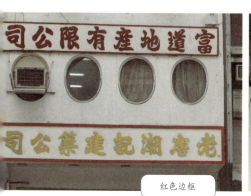

红色边框

绿色、黄色边框

海棠角

除了边框以外，在招牌四角加上装饰亦很常见，通常加上四边对称的图案作为修饰，或者是将边框的四角削去四分之一个圆形，我爸称之为"海棠角"。有少数招牌会用这种方式直接将四角削去，也可算是海棠角的一种。

海棠角

图案边框

　　我们在凉茶店的招牌上，常常可以看到用重复的图案围绕整个招牌，最常见的是万字花。而有些"蝠鼠吊金钱"形状的当铺招牌，细心看去，其实也是被万字花所围绕的。用其他图案作边框的也有见过，例如金钱花、邮票齿孔等，看起来相当有趣。

万字花

金钱花

邮票齿孔

　　我留意到有一种边框相当罕见，那就是殡仪业招牌上的蝙蝠装饰。(见上图)深蓝色招牌字已是这个行业的一大特色，而蝙蝠可能与"福气"有关。我见过一个招牌有五只蝙蝠图案，大概是"五福临门"的意思，祈求得到五福中的最后一福"考终命"，就是得到善终，离去时没有痛苦，希望逝者得到安息。初时我也以为是这个行业的传统，直至我在九龙城一家古老食肆看到这个招牌(见右图)，才发现"五福"可以是对各行各业的祝愿，只是近年来制作的招牌，很难见得到而已。

金属边框

　　有很多招牌或灯箱，四边都有金属边框包围，通常都是用铝合金或不锈钢制成(见下图)，避免生锈变色，以及被雨水带来的锈水弄污招牌表面。这些铝边除了装饰之外，最主要的作用是遮盖招牌边缘的结构，例如螺丝或胶水的痕迹。而用金属边框围绕，亦可增强招牌结构，使其更稳固耐用。

香港设计——郭斯恒先生

郭斯恒，香港理工大学设计学院助理教授。主要研究视觉文化和信息设计，关注香港周遭环境变化。著作包括《我是街道观察员——花园街的文化地景》及《霓虹黯色》等，广受欢迎。

Q：李健明 ｜ A：郭斯恒

Q：你认为什么是"香港设计"呢?

A：所谓香港设计，很难以三言两语论述。首先是牵涉到公众的认受性吧，例如狮子山代表香港一样。20世纪70年代，香港电台推出《狮子山下》剧集，讲述香港基层人口挣扎求存，脍炙人口，狮子山变成了香港的文化符号，成了香港的象征。有"香港设计之父"之称的石汉瑞，有很多优良的设计。他以一个外籍人士身份，自二十世纪五六十年代开始从事设计，特色是融合中西文化，出现大量香港的视觉图腾。打个比方，你可以在同一画面看到传统中国茶和西方的茶放在一起。他善用hybrid（混合）手法，形成不中不西，但亦中亦西的感觉，突显当时香港作为中西文化桥梁的角色。我在霓虹招牌中寻找当中的蛛丝马迹，例如有些会用上万字花捆边，也有西方Art Deco（装饰艺术）的风格。

讲回霓虹招牌制作师傅，虽然都是在内地或香港训练，但香港师傅因为跟西方客户接触增多，因而会造就出同一条街道内中西方感觉的招牌同时存在。加上香港设计受殖民统治历史所影响，跟内地情况差距甚远，造就出本地独特的设计。

Q：旧时招牌以文字为主，今日招牌随制作方式改进，图像转变成为主要部分了。以今日来看，传统文字招牌，能否再次主导香港街景呢？

A：二十世纪五六十年代，无论楼宇廊柱，还是街道墙壁上，都写满了字。这反映了当时外墙是卖广告的主要媒介，在电视还未普及的年代，走在街上就是接收信息的最佳时间。而科技先进与否，与文字使用多寡绝对有关系，昔日手写文字始终最方便。加上昔日街上店铺主要是与日常生活有关，宣传方式除了街坊口耳相传外，一般广告都以直白形式宣传产品的好处，文字愈少愈直接愈好，图像反而未必能完全表达。

现今电脑已主导广告设计，环境截然不同。如果今日仍能发现一两根保留有旧广告的廊柱，定必视为珍宝，但如果今日仍然使用以文字为主的广告，或许只能视作怀旧的一种表现，实用性不高。

Q：你觉得香港霓虹招牌有什么与众不同的特色？跟外国的有什么不同？有什么令你最难忘？

A：香港霓虹灯的特色，明显与其城市规划有关。香港街道既窄且短，楼宇很高，呈垂直城市形象；相比外国，以拉斯维加斯为例，那里环境宽阔，当地霓虹灯可以包围整栋建筑物或外墙立面，加上当地以娱乐与赌博业为主，霓虹灯饰有助娱乐气氛笼罩整个区域，亦只出现在娱乐场所附近区域。香港环境密集，商业及住宅常常混在一起，霓虹灯不会聚集在一个区域，而是分散在市区各地。另外香港建筑物很高，招牌密度很大，远看一个个招牌叠在一起，形成"招牌海"的独特景象，视觉刺激比其他城市要大。

Q：最近留意到香港霓虹工场买少见少，不少霓虹灯已转到内地生产。你有什么看法呢？

A：单纯从生产霓虹灯的角度看，基于现今世界全球化，在哪里制作可能都区别不大。如果从手工上看，我引述霓虹业界人士的意见——香港的制作的确比较优良。

Q：你认为在发展中的社会，例如20世纪80年代的香港，跟一些已发展的国家或地区，例如日本及中国台湾，它们的招牌及广告，会有什么区别？正如我的观察，二十世纪七八十年代香港曾出现一些巨大的招牌，或者当时的电视广告，也出现过叫卖式的宣传，现在似乎很难找到。

A：广告、设计、美学等，都需要经过时间去培育，所追求的亦会随社会发展出现变化。旧时社会广告表达方式十分直接，例如"某某牌牙膏好用"之类。随着社会发展，民众开始着重满足精神层面所需，广告表达随之改变。好像穿了

某品牌的服装，就代表你有品位，与众不同，有内在美等。而广告表现亦会较含蓄，将以上的价值观附加在产品上，或者找来明星代言人，加强说服力。

讲回招牌的大小。以前招牌比较大，明显是要吸引大众的注视，但随着电视及其他媒体出现，招牌作为宣传媒介的作用明显减退。巨幅招牌或霓虹招牌的作用，只能作为标示商号所在地之用。

Q：那么你认为会不会有一天，街上的招牌都变成闪烁不断的LED招牌呢？如果这样的话，我觉得是灾难性的。

A：同样比例，以前旺角西洋菜街也有很多三四层楼高的喷画广告，当时喷画技术很成熟，很容易制作那些大得夸张的广告画，但根本不需要那么大吧。但是人的接受能力是很高的，慢慢就习惯了。随着LED技术改进，令光线变得柔和，情况可能会有些改善的。

霓虹灯街景（照片提供：Kevin Mak@streetsignhk）

Q：想请教一下，我作为造招牌的人，有一点也经常被人忽略，那就是我也是一个拆毁旧招牌的人。你觉得我在招牌文化保育上，可以做些什么？

A：拆招牌和装招牌就是你的本业，这是你逃不掉的责任。但你已比一般招牌师傅做得多一些了，例如文化传承，对美学的要求等。很多设计师，他们除了应付客户所需的日常工作外，亦有个人随心所欲的作品。反而当你善用在日常接触客户时的所见所闻，更能使你在文化推广方面做得更多、更贴地。

Q：或者当我找到些好招牌被拆下来时，就一定来找你吧！

A：大家一起做吧。现在招牌拆得那么快，尽量把一些有特色、有教育意义的招牌抢救下来，尽力能救多少是多少。初时我以为霓虹行业已经很式微，但从霓虹招牌制作师傅口中得知，原来现在业内并不如想象中悲观。

Q：谢谢 Brian 的宝贵意见！

第四章

香港常见招牌字体

隶书

VICTORY DISPENSARY

　　隶书起源于两千多年前的秦代，比楷书古老得多。简单来说，汉字的字体变化是：

　　甲骨文→金文（铭文、钟鼎文）→篆书（大、小篆）

　　→隶书→草书→楷书→行书

　　中国书法字体里，隶书是最古老而又"看得懂"的字体。其形状呈扁身方形，讲求"蚕头雁尾""一波三折"，给人古雅端庄的形象。

　　根据书法家华戈描述，写字师傅会根据他们个人的艺术眼光，去帮不同行业的招牌选择不同的字体。华戈认为，隶书的古朴形象，最适合用于学术及文化机构。

不同行业都会
使用隶书招牌

使用隶书的招牌相当普遍，除了之前提及过的学术
机构、学校以外，还有一些与中国传统有关的行业，例
如文具店、茶楼、素食店、凉茶店等。但随着我进行
招牌调查以后，发现隶书招牌的普遍，以及行业分布之
广，都超乎我的想象。

手写字的年代，街头写字匠都应该不止能写一种字
体，以李汉为例，至少会写楷书、北魏、隶书及行书。
所以隶书是多种书法字体中的一个选择，与古朴形象未必需要挂钩。我见过隶书用于大厦名称、金行、武馆、工厂大厦招牌等。

根据我的观察，其实街上的招牌，行业与字体之间，或许没有必然的关系。我也见过街坊小店如菜档的招牌，甚至多数以可爱字体示人的幼稚园招牌，都有隶书的踪迹。当然不能说他们用错了字体，也许这纯粹是客户的偏好，又或许是制作招牌时刚好遇到了一个擅长书写隶书的写字匠吧。

隶书招牌

方形隶书

记得有朋友在看李汉先生写的隶书时，直接分析道："他的隶书有点不正规。传统隶书的形状，应呈扁身长方形，而李汉的隶书，似乎混杂了楷书的书写习惯，字呈方形。"我登时在想，李汉先生虽然不是书法名家，但这样基本的书法知识，他又怎会不知道呢？而为什么他苦心留下来的隶书，又会是这个样子的呢？

传统扁身隶书

李汉先生的隶书

后来我观察了一些香港的手写招牌，开始发现一个现象，就是招牌上的隶书，呈方形的为数不少。我得到了香港理工大学设计学院信息设计研究室的帮助，找来一些珍贵的霓虹招牌的图样，也发现一些"方形隶书"。

图片提供：香港理工大学设计学院信息设计研究室，南华霓虹光管厂

155

从以上的观察，我尝试推论招牌上的隶书，跟传统书法有异的原因。

　　首先是招牌上的字，要显得清晰夺目，很多时候都要尽量填满招牌。如果使用扁身的传统隶书，很多时候都会出现大量空白。为了迁就招牌的横直比例，就要将字写成方形。而香港常见的多格招牌，或者是旧有的直身大型招牌，方形的字体更具优势，在有限的招牌空间内，显示出看起来更大的字。

比较接近方形的隶书

　　毫无疑问，楷书在众多字体里面，辨识度肯定最高。在环境密集的香港，一眼看清招牌上的字更显重要。而扁身的隶书，辨识度肯定不如楷书。如果客户想使用隶书的话，方形的隶书能令笔画更清晰，同时亦能兼取比较古朴的感觉。而有些隶书字，应该混合了楷书的感觉，一来这种"隶楷混合"字体，辨识性可媲美楷书，二来坊间对隶书是否"纯正"，没有多大要求。而每位写字匠的书法风格亦各异，所以出现不同的隶书亦可理解。

将隶书再压扁，两个字挤在同一方格里面

　　招牌字讲求实用，因此跟传统书法的审美眼光存在着一定差异。而招牌客户也普遍接受这种隶书，所以写字匠也会因应客户要求，写出风格不同的隶书。手写字就是有这种优势，能灵活地做出不同变化。

行书·草书·篆书

我很喜欢行书字体，因为这字体给人生动活泼的感觉，却又不失辨识性。

我在搜集资料时，发现原来楷书与行书的界限相当模糊。有说"楷书的特征，是点画（点与线）写得整齐，并在点与画之间，不得有连接线，或有省略的地方"。然而，一般香港的手写楷书，笔画间很多时都有牵丝连接，达至一体成形的效果，以方便制作。这样界定的话，所有街上的楷书近乎都是行书，所以我以比较大胆的标准去界定香港招牌上的行书：要比较潦草，甚至书写方式跟楷书有一些变形，才能界定为行书。

我在街上拍摄招牌的时候，发现行书的招牌不算多。或许这是商户的选择，毕竟楷书比较四平八稳，给人可信的形象。另一方面，在书法层面上，楷书是最易掌握的书法字体，写字匠要写得好并不困难；而行书可能较难掌握，自然较少出现。可能因为这样，我见到的行书招牌，一般都写得不错，同时也能给人生动活泼的感觉。以行业而言，我并没有发现行书出现在某些特定行业上，我见过的有影楼（见下图）、理发店及工厂大厦等，彼此没有关联。

对于我这个没有书法修养的人而言，看到比行书更潦草，笔画与楷书有很大差异，难以一眼辨认的字，大概可归纳为草书（这种定义很不专业吧）。记得小时候常常经过旺角，看到某家著名食肆的招牌上有三个字，却不知写着什么。后来当然知道了是"泉章居"，而且还知道这是书法大家于右任所写的字。

依我所见，街上以草书写的招牌相当少。最大原因显而易见，因为草书辨识度低，加上比较灵动多变，笔画一般较细，不符合一般大众希望招牌字比较粗的要求。而少数出现的草书招牌，一般都是名家题字才会采用的。

如果不是招牌的话，相信有一个地方常常会见到行书或草书，那就是古老茶楼或中菜馆的菜牌。这种手写字已逐渐式微，菜牌已慢慢由印刷品甚至 LED 屏幕取代，但手写字那种龙飞凤舞的感觉，电脑字当然不能复制下来，所以现存的招牌便成为一大特色。

泉章居招牌

六榕仙馆招牌

相比草书，篆书招牌也相当少见，原因也跟草书一样，因为辨识度低，所以很少人会选用。我在西营盘找到一个不小的篆书招牌，可是不能每个字都辨认出来。近来我也有发现篆书的电脑字形，有复古的感觉，辨识度也有所提升，还发现了一些新招牌使用这种书法字体，感觉也不错。

草书告示牌

相信是电脑字形的篆书招牌

西营盘的篆书招牌

楷书

楷书是现时最广泛使用的书法字体，一般人的手写字，外形笔法大都跟楷书相似。正因为这样，楷书人人都会读会写，辨识度因而最高。招牌最重要的是清晰展示店名及其相关资料，楷书当然是一个好选择。

楷书分很多种，对于我这个书法门外汉而言，认知很有限。要区分颜柳欧苏的楷书，我可不太懂，但知道哪一些对我们造招牌是有用的。去分析招牌用的字体，最好是从实用角度出发，去看看现时流行的招牌手写楷书。

其实香港招牌流行的楷书，是源自哪位书法大家，可谓言人人殊。就以我最熟识的李汉港楷为例吧，有人说像王羲之的手法，也有人说像赵孟頫、欧阳询等书法名家的。何况我在街上看到的招牌字，也有各种风格，在九龙区，有几位写字匠的字十分常见，只是我不知他们的名字。况且招牌跟书法的需要有很大区别，多数情况下，不会有个别的字特别突出。所以用纯书法角度去看招牌，说那是像谁的字，很难会有很准确的结论。

楷书招牌

招牌字讲求实用，与上列的书法字，要求完全不同。有看过瘦金体吗？也是楷书的一种，但香港很少人会使用这种楷书制作招牌。香港人喜欢招牌字"肥"，即是比较粗的意味。粗的字在远处看得比较清楚，字体太细便不显眼，套用上一代的客户形容这些字"兲裊鬼命（很弱小）""香鸡咁幼（像烧香剩下的棒那般幼小）"。

　　除了笔画较粗以外，客人普遍要招牌字"有点气势"。以前的街坊小店要面对各种各样的客人，有些是态度友善的街坊，亦有些是来意不善的人，甚至是来收保护费的恶霸。招牌代表商户的形象，面对街坊大众，过于和善只会被人欺负，因此一个有点气势的招牌，可算是这种形象的体现。以李汉港楷为例吧，这种字除了笔画较粗，字钩比较大，看起来也比较"有力"。

　　台湾流行的颜楷体，刘元祥楷书风格，自20世纪80年代中后期，随着台湾制作的电脑字体引入香港，对香港的招牌有很大的影响。当中有几种字体，看起来跟本地手写招牌字很相似，被广泛使用到香港的招牌上，例如"金梅毛张楷""神雕狮王"及"中国龙豪行书"等。

宋徽宗瘦金体

北魏

　　北魏字体笔画较粗、力道刚猛、辨识度高,很适合在密集环境中使用。可是在使用正体中文字的台湾、澳门及香港,唯独香港常常见到这种字体。目前的电脑字形,都没有跟北魏相似的,所以现在香港看到的北魏招牌,不单都是手写字体,而且都比较古老,至少有二三十年历史了。

　　北魏体能在香港广泛流行,相信跟书法名家区建公先生有莫大关系。他的书法作品遍布港九新界,涉及行业亦非常广泛。他不单开设书法学校,对推广书法不遗余力,再加上人脉甚广,不少富商大户都找他题字,所以在香港各区都能看到他的字。另外苏世杰、卓少衡等书法家均擅长写北魏字体，造就了 20 世纪 80 年代前的香港招牌大部分都是以北魏体书写。

别以为这种看起来比较"凶猛"的字，只会出现在麻将馆或大押，原来几乎所有行业都可以见到北魏体招牌，银行、海味店、酒楼食肆、学校，甚至街市摊档，都可以常常见到。

北魏招牌

最近到过青山禅院，发现一块于民国九年（1920年）由何甘棠赠予禅院的匾额，正是用北魏字体书写，可见大约一百年前，这种字体已在香港出现。区建公于1971 年逝世，但此后的写字匠，因应市场需求，很多都有写北魏体，直至 20 世纪 90 年代街头写字匠近乎消失为止。

青山禅院的北魏
招牌

我一直以为，北魏字体都出自名家之手，加上我在
香港岛中上环一带看过不少北魏体招牌，便以为这只在
一些比较富有的区域出现。后来我在老爸珍藏的大量毛
笔字原稿中，发现一百多个北魏大字，这些字都是20
世纪80年代在新蒲岗区内使用的招牌字，有些招牌仍
沿用至今。现在已不知那批北魏字是谁人所写，但写得
相当不错，有行家笑说"比得上区建公"呢。

北魏手稿

直到现在，手写北魏体仍未绝迹。于新界居住的杨
佳先生，是区建公先生的学生，现时仍然以其手写的北
魏字体制造喷漆字的纸模板，用于货车车身，港九新界
都可时常看到，可以说是现时香港最为流行的手写书法
字。我亦见过新界的一些车身胶贴字，风格与杨佳的字
很相似，相信亦出自他的手笔。

北魏招牌

　　香港设计师陈濬人花了六年时间，以香港招牌的北魏字体作蓝本，以现代手法重新演绎并制成电脑字形，所花的心力时间相当浩大，令人敬佩。我十分期待这款字形面世的一日，这也为香港独特的北魏字体延续了新的生命。

冷知识

　　老师傅讲起北魏字体，他们会将"魏"字变调，将 ngai6（音"艺"）读成 ngai2（音"矮"）。所以听到有人讲"北矮"，意即"北魏字体"（他们不会讲"北魏体"或"北魏字体"），那就一定是对招牌字体有相当认识的内行人士。

手绘美术字

在电脑绘图年代之前，香港的招牌字，很多都是手写毛笔字。因为这些招牌是由具水准的写字匠题字，质量有一定保证，而且其实写字需时不多，如果不是特定的书法名家，可能即日或隔日便可取字。

除此之外，香港的街道上，其实都有不少手绘美术字。美术字给人时尚新潮的感觉，各行各业都有使用，但却很难在街市士多等小店找到。可能手绘字的制作者需要有一定的美术功底，能绘画的人比较少，需时亦比毛笔字多。

手绘字招牌

手绘宋体字

手绘宋体字

比较"业余"的手绘字，看起来其实很好玩

仿照电脑字的手绘字

看起来不太工整的手绘字

如何辨认手写字与电脑字

招牌说！

曾经有人问我，如何分辨电脑字与手写字？老实说，电脑毛笔字字形也是由手写毛笔字制作出来的，也就是说，当李汉伯伯的字变成了"李汉港楷"字形，他的字也就变成"电脑字"了。所以我觉得这不是电脑与手写的区分，而是不同人的书法字，或者是不同年代的招牌的分别。要辨别看起来好像很难，但透过一些"快速筛选"方法，应该可以有效帮助辨认。

1. 记下电脑字体特征

我知道记下电脑毛笔字字体特征很难，但你可以印一些最常用的字作校对。香港招牌离不开"衣食住行"，大概最常用的有"时装""中西餐厅面食""地产"，还有"公司""大厦""楼""厂"等字。加上香港一般用于制作招牌的毛笔字体，大都只有几种，例如金梅毛张楷、神雕狮王、金梅毛碑楷、颜楷体、行楷体或魏碑体，所以认住这几款字，已大致可辨出七成以上的电脑字。下图是常见字体表。

李汉港楷	公司西醫廠樓大廈店號餐廳
金梅毛张楷	公司西醫廠樓大廈店號餐廳
神雕狮王	公司西醫廠樓大廈店號餐廳
中国龙豪行书	公司西醫廠樓大廈店號餐廳
华康正颜楷 W9	公司西醫廠樓大廈店號餐廳
华康行楷 W5	公司西醫廠樓大廈店號餐廳

2. 电话号码

电脑字盛行于 20 世纪 90 年代，90 年代前的招牌，用手写字的几率更大。如果招牌上面有电话号码便好办了，因为 1995 年 1 月 1 日前，香港电话号码只有七位数字（见下图），1990 年前只有六位数，还有地区字头，看到这样的电话号码，也可证明招牌的制作年份，一定早于 1995 年。

3. 直接问店主

最有效的方法，就是脸皮厚一点，直接问店主。其实没什么大不了，根据我的经验，趁店主不是太忙，只要向店主美言两句，例如"你个招牌好有香港特色，好靓啊，现在越来越少啦"等，绝大多数不会抗拒的。下图中的锁店用了李汉的字，店主还可大概讲出招牌年份，甚至李汉写字档的大概位置。留意图中的电话号码，最前面的"2"是后来加上去的，影响了判断这招牌年份的准确性。

4. 异体字

手写字比较多用异体字。根据我的观察，右图这两个字，不论是否出自李汉手笔，都出现相同的写法，不妨留意。而电脑毛笔字形一来由台湾或内地制作，不会使用香港习惯的书写方法，二来使用较为规范的写法，所以从异体字这一点去辨别，也是比较有效的方法。

"厰"为异体字

"楼"为异体字

5. 一体成形

　　以前写字匠与招牌师傅合作无间，写字匠的字也会迁就制作招牌的需要而作出调整。例如李汉港楷的书写方法，大多一体成形，以便制作招牌字。而根据我的观察，很多本地的手写招牌字，也有这个特点。相反电脑字形制作时，并没有考虑这个因素，所以如果见到"一体成形"的招牌字，便有可能是手写字了。当然要特别留意"金梅毛张楷"字形，这种字形的很多字都能做到这一点，因此招牌师傅也很爱使用。

李汉港楷
组成部分：1

金梅毛张楷
组成部分：2

华康正颜楷 W5
组成部分：8

华康丽楷书
组成部分：9

第五章

特色行业招牌

大押

　　大押（亦称"当铺"）是一个古老的行业，经常开在麻将馆旁边。以前经过当铺门口，总有神秘的感觉，不敢窥视入内，后来看多了招牌，发现当铺的招牌相当有特色。当然，我始终没有光顾过，毕竟没有需要嘛。

　　当铺外那形状独特的招牌，成了这行业的一大特色。这种招牌名为"蝠鼠吊金钱"，上半部有蝙蝠的形象，下方圆形代表金钱，象征倒吊蝙蝠含着金钱，寓意有"福"又有"钱"。招牌上写有当铺的字号，再加上一个大大的"押"字。字体大多是北魏体，毕竟客人品流比较复杂，需要有一个比较霸气的招牌。

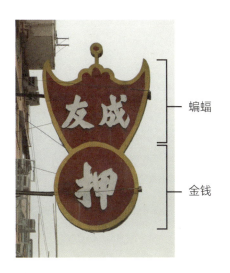

— 蝙蝠

— 金钱

在新蒲岗锦荣街短短几分钟的步程内，已途经四家当铺，有几款不同的蝠鼠吊金钱，包括最常见的霓虹光管招牌，亦有单纯铁制没有光管的，也有在大厦外墙的油漆版本，还有用水泥制作的款式。一些翻新的当铺招牌，已用 LED 代替霓虹管。单是这个标志性的招牌，已有那么多的制作方法。

铁皮招牌，无霓虹灯

铁皮招牌，有霓虹灯

外墙油漆

为数众多的招牌

除了蝙蝠吊金钱，当铺大门内会加上一块"遮羞板"，保障客人隐私。通常板上写有当铺字号。而在那高高的柜台后方，有时也会写上当铺名称。连同当铺大门上方那个店名的招牌，有没有发现，招牌越数越多呢？

其实很多时当铺都会制作很多个招牌，例如在店外挂上木制招牌，这是比较古老的做法；新派的会用胶片招牌，还有怎样看也很丑的 LED 小灯珠招牌。有时一家当铺，会有七八个不同制作方法的招牌同时出现，有机会经过的话，不妨看一看。

这家当铺共有十个招牌

好了，数完招牌了吗？再从远一点看，有一些比较大的当铺，除了地铺以外，还占据着二楼、三楼甚至是整栋建筑物。这种情况下，可以见到每一层楼外墙都有一个店名出现，以标示当铺所在的范围。

　　除了吸引客人光顾外，或许店家制作招牌的预算会比较充裕，制作多个招牌，是展现财力及公司实力的一种表现吧。

左：铁皮招牌，右：水泥

左：立体胶箱，右：水泥

左：胶片，右：木制

LED

理发店

香港的理发店有很多种类，从一般理发店、街边档、上海理发店，到由外国著名理发师主理的高级理发店都有。以上几种理发店的招牌我都制作过，各有特色。如果是小规模的理发店，招牌至少有一个，颜色方面随店主喜好，并没有行业习惯用的颜色。现在的发型屋招牌多以喷画制作，展示比较型格的一面。记得以前有些发型屋招牌，除了店名外，会加上方格衬托，还会绘画上一个时尚美女的头像，算是一项行业特色。

　　除了招牌，还要有花柱。这是一个非常重要的行业特征，令人一看便知，这就是理发店。

　　花柱的起源，有两个说法，都是源自欧洲的。一说为法国大革命时，一家理发店收留了一位革命先锋，加以保护。革命成功后，为答谢理发店的帮助，特意在该店外挂上法国国旗，慢慢变成了今日的红白蓝花柱。还有一说，16世纪时，英国有种医疗方法，就是通过放血给患者纾缓病情，但这方法普遍得不到医生的信任。政府因此成立了"发型师兼外科医生联合会"，让发型师也可为患者放血，而放在理发店外的红白蓝花柱，三种颜色分别代表了血液、纱布及静脉。发型师兼营放血的工作后来便废止了，但花柱仍沿用至今。

　　花柱通常是圆柱体，没有规定长度，大约两尺到四尺都有。以前由招牌匠制作的，现在已有淘宝货出现，我的发型师朋友说，现在花柱坏了不会像以前般修理，只要上网"淘"一个，自己更换便可。还有一种花柱，现在比较少见，那就是呈圆饼状的花柱。

圆柱体花柱

圆饼状花柱

除了招牌及花柱，比较大的理发店门外都会另加广告牌，以吸引顾客。现时多以照片展示俊男美女的精致发型；以前的话，则以手绘方式，绘画出女性的头像。见过两幅类似的作品，都是用喷枪绘制的"喷画"（不是现在的 inkjet printing），显得非常抢眼。

旧式理发店的招牌

新招牌上也有男头像了，男女平等嘛。不变的是招牌旁边仍然挂有花柱

理发服务的价目表，也通常在理发店外展示。现在仍可找到比较旧式的价目表，甚至手写的美术字，或者加上时髦发型的男女头像，有些会用假植物或珠片装饰，比现时单以电脑喷画制作更显心思。

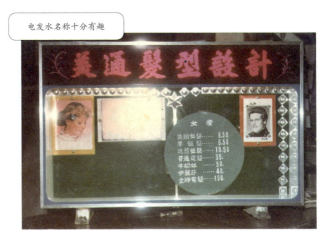

电发水名称十分有趣

近年引入的日式快速单剪理发店，店面设计及招牌制作，均沿用日本风格，与香港传统的很不同。理发师朋友表示，这种理发店与传统发型屋客源有别，所以他的生意只受到些微影响。在传统发型屋常常看到的红白蓝花柱，在可见的将来，仍然会出现在我们的日常生活中。

日式快速单剪理发店

西医

　　很多人都害怕见医生，一来是总觉得自己的病没那么严重，二来怕打针、怕吃药、怕不能上班上学，所以对诊所有点抗拒，连带看到以前那种比较刻板的诊所招牌，也有避之则吉的感觉。

　　西医对招牌的规范颇为严格，这造就了我对这种招牌的刻板感觉。根据《香港注册医生专业守则》，位于大门的招牌，面积不可大于十平方尺（约 1.11 平方米）；而位于一字楼向街外展示的招牌，则不可大于二十平方尺（约 2.22 平方米）；诊症时间牌不可大于两平方尺（约 0.22 平方米）。招牌数量方面，最多可造两个，一个在大门外，一个在医务所所在大厦的外墙之上，如果是位于楼上的医务所，两个招牌可分别置于医务所门外，以及医务所所在大厦的出入口。

细看上列指引，其实没有对招牌颜色作出规范，但上一代的西医招牌，几乎全都是白底黑字的，用色不太花巧，感觉比较低调，展示西医的专业形象。

西医招牌可能是最多字的招牌之一。因为除了全科西医作为一般家庭医生外，还有一些专科医生，专门医治不同病症。于是除了医生名称外，还要在招牌上展示医生个人的履历，通常越多越好，显示其专科范畴，以及令患者有信心（见下图）。

有一种招牌现在已较少出现了，就是位于大厦一楼或更高外墙的三角柱体招牌。这种招牌通常其中两边有医生的名称，靠墙的一边没有字，在街外不同角度都可以看得到。因为大小已有限定，不可以超过二十平方尺，所以三角柱招牌的大小都约为四尺多乘以一尺多（即每边面积约十平方尺），有些可以内藏四尺光管，在夜间仍清晰可见。

　　近年制作的医生招牌，已不再限于白底黑字了。蓝色、绿色、紫色、橙色我都有见过，打破了以往的刻板印象。我问过一位医生，他说专业守则虽然没有限定招牌用色，但他们心目中，对用色也会有底线，不会太夸张花巧。毕竟维持西医专业形象，是非常重要的。

三角柱体招牌

蓝底白字的医生招牌

中医·跌打·
疑难杂症

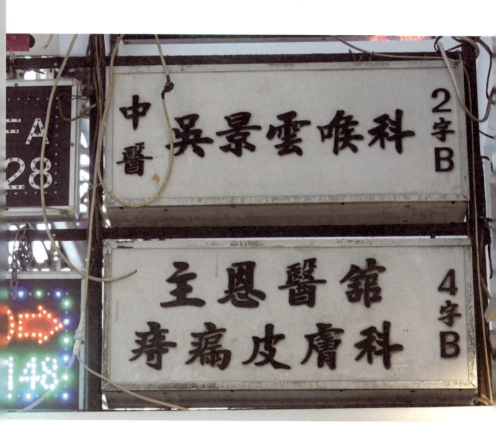

跌打医师多为男性，出现"授女"比较罕见

与西医招牌不同，中医招牌的规范似乎并不严谨。虽然没有明文规定招牌尺寸及颜色，但以中医师个人名称作招牌，也会像西医一样不会造得过大，颜色亦不会夸张，主要是白底黑字，很多时都避用红色字，可能是为了避免使患者联想到血，或过分刺激，令他们不安。此外，有部分中医是在中式药房内营业的，自己负责诊症，由药房负责抓药以至煲药。这类中医大多依靠口碑，而药房亦没有很多位置给中医师放置招牌，很多时候只会摆放一个小小的牌，展示由哪位中医师驻诊。

跌打医师不须依赖药房，都是自家经营的，所以都拥有独立的招牌。而招牌的大小及颜色，变化亦较中医多，白底黑字、黑底白字、木制金漆招牌，甚至金属字都有。跌打与武馆息息相关，所以有时会于医馆中央挂上金漆招牌，令人觉得有武馆的感觉。由于跌打医师很多都是家传行业，医术由父传子的情况很普遍，这样招牌上都会写有上一辈医师的名字，以及"授男"的名称，让新一代的医师传承上一辈的优良医术。

专治"疑难杂症"
的医师招牌

　　另外一种医生招牌，现在已较罕见，就是专治"疑难杂症"的医师招牌。一些令人羞于启齿的医疗需要，例如痔疮、验孕、割包皮、妇科病，以至性病等，都是这类医生的医疗范围。这些医师的招牌上，会列出各种疾病名称，现在看来，内容大胆露骨，毫不避讳修饰。而痔疮招牌更有别于一般医师招牌，很多时都采用红色字，不知是否要令患者联想到动手术，一刀能根治的效果。现时市民如有以上的医疗需要，大多都会光顾专科医生，上列的医师亦买少见少，那些令人尴尬的招牌，亦慢慢消失于街道上。

色情招牌

（全港拆賬最高）

女PR　女DJ　女侍應

及轉場PR參觀或試

水晶套房　豪放書院妹　錄影招待

閣樓　附設人體按摩

會樂康利多金

重绘自网上图片

我一直对这个冷门的课题很有兴趣，然而网上资料少之又少，也不大可能向业内人士请教，加上猜测这些招牌背后可能受某些社团"管理"，所以很难取得资料。老爸很少接触这类招牌，就算询问另外一两位退休胶片师傅，也没有任何帮助。直到最近，我从招牌师傅麦锦生先生口中，终于找到一些线索。

翻查网上资料，二十世纪七八十年代，香港色情行业昌盛，在旺角砵兰街一带，有不少舞厅、夜总会、桑拿等"娱乐场所"。此外，基于当时香港的法例，同一场所内不可有超过一位性工作者提供性服务，否则会被视为卖淫集团，是违法的。"一楼一凤"因此出现，即一个单位内只有一位"凤姐"。为了招揽生意，色情招牌应运而生。

色情招牌大多使用较鲜艳抢眼的颜色，例如以黄色或紫色为底色，以"宾馆""桑拿浴室""舞厅""夜总会"为名。至于"一楼一凤"，可能会直接写"×小姐，请上×楼"招徕顾客。根据麦师傅描述，二十世纪七八十年代的色情招牌，主要由旺角区内的一间招牌公司制作。当时警察常常扫荡色情招牌，我记得曾见过旺角警署停车场内有招牌堆积如山的情况。由此估计这是一门很大的生意。

据说，香港的色情招牌只集中在一家招牌公司制作，这未必是由于某些社团包揽垄断，而是制作这种招牌很难收到钱。试想当招牌刚刚造好，店家便遭警察扫荡，那又怎样去收钱呢？加上客户品流复杂，要追收欠款时，更有理说不清。至于那家招牌店又为什么能收到钱，这个嘛，我暂时还没有调查出来。

很多色情招牌都不会固定安装，只会在夜间展示，因此结构很不稳固，加上制作粗糙，又引来行人尴尬不便，带来市容问题。

2002 年警方加强扫荡，并引用刑事罪行条例，检控色情场所"展示宣传卖淫标志"的人士。另一方面，根据香港刑事罪行条例，任何人公开地展示，或导致或准许公开地展示任何宣传或可合理地被理解为宣传由娼妓或由组织或安排卖淫者所提供服务的标志，即属犯法，一经定罪，可处监禁十二个月。由此可知，无论制作或展示色情招牌均属违法。

2012 年前后，香港的夜总会大都结业了，剩下来的"一楼一凤"，已较少制作招牌。取而代之的是将一支荧光颜色的光管悬于门外或窗外，有些会挂上一个只有数字的灯箱。

现时这类招牌多以紫红色底色为主，不像以前用黄色作底色

窗外挂上荧光光管及数字招牌

形象化招牌

不同行业的招牌有各自的特征，有些是不同颜色，有些是不同形状，而我在街上留意到，有几个行业的招牌，能一眼就认得出它们，绝对不会弄错。这些行业都有共通点，就是它们的货品比较"形象化"，所以能造出行业内"共同式样"的招牌，让人容易找到。

眼镜店

首先能"一眼"看到的是眼镜店的招牌。它们绝大部分的招牌上，都会画上眼镜的形状，而眼镜内的两块镜片位置，很多时都会写上店名。眼镜店招牌的制作方式比较多样，由最夺目的霓虹招牌，到胶片灯箱，或者是现时流行的 LED 招牌，甚至眼镜用上立体模型制作都有。

眼镜店招牌

配匙店

　　第二个行业就是配匙。可能锁匙形象鲜明，制作或绘画招牌十分容易，有些比较精美的锁匙状招牌是由锁匙厂商制作，给配匙店挂起作宣传用。我更见过有自行绘画的锁匙状广告牌，也非常独特，这种招牌不须绘画得太精美，一眼看得明白便可以了，反正街坊生意，没那么多预算做招牌。

配匙店招牌

菜种农具店

食店、菜种店

　　还有少数行业的招牌，也是相当形象化的。例如茶庄，形象普遍较传统，一些茶庄外会挂上绘画有"树叶"的招牌，象征有茶叶售卖，制作方法由霓虹招牌到胶片招牌都有。除此以外，我也见过蛇羹店的招牌绘上毒蛇，菜种农具店绘有蔬菜及农具等。概而言之，上列行业都是以售卖产品为主，而且该等产品形象鲜明，容易绘画。也许在数十年前，仍有相当多人不识字，需要靠这些形象化的招牌，去寻找他们所需的店铺。

茶庄

蛇羹店

游戏机中心

游戏机中心

　　还有一种算是形象化的招牌。你有留意过游戏机中心的招牌吗？一些比较旧式的游戏机中心招牌，店名都被红黄绿色方格所围绕。我相信这些方格就是代表着昔日的电子游戏。我在小时候玩过的电子游戏，包括《太空侵略者》《食鬼》等，画面粗糙，由不同颜色的像素组成。久而久之，这种画面转化成招牌上的彩色方格，在20世纪80年代更是高科技的象征。到了今日，就成了招牌上的特色了。

第六章

招牌颜色象征

红色招牌

相信无须做任何调查，也可以知道白底红字是香港最常见的招牌样式。各行各业，无论是街坊小店、工厂商户、食肆餐厅，白底红字招牌仍然被广泛采用。我在各区观察招牌，寻找李汉伯伯的字迹时，也发现大半招牌都是白底红字的。

为何香港人会如此偏爱红字？其实并没有肯定的说法，大概原因，可归纳如下：一是显眼醒目。香港环境密集，如果想招牌老远就能看得见，底色及用字必须和环境有强烈对比。记得以前一般街坊做招牌，基本上不会讲求什么设计美感的，最重要的是抢眼，要让客人看到商户的所在地。因此白底红字成了不二之选。而在街市里面，因为旧式街市往往照明不足，白色底色招牌会显得比较明亮，加上显眼的红字，方便客户寻找。

二是红色代表吉利和喜庆。华人社会在新年期间，都会挂挥春、派红包、穿着红色衣服，全部都与红色有关，可见华人对红色的喜爱。店铺开张，当然是可喜之事，红字招牌挂在店面，最合适不过。加上红字给人生动的感觉，不像黑字给人呆板印象，但若选取橙色、天蓝等其他鲜艳颜色，在大部分行业而言，可能会给人不庄重的感觉，影响店铺形象。

香港环境密集，如果想招牌老远就能看得见，底色及用字必须和环境有强烈对比。

第三，纯粹个人观察，红色胶片似乎比较耐用。当招牌经历风吹雨打数十年，就算是招牌上所有颜色都一同褪色，红色始终最显眼。商户一旦发现招牌老化陈旧，便需要花钱更换。所以使用红色胶片字，优势比较明显。而如果仍能清晰看到的话，就不用造新的招牌了。

既然红色那么抢眼，为何不使用红色作为底色呢？市面上白底红字招牌，远比红底白字多。个人认为，红色底色可能过分抢眼，招牌用字不易衬托。红底白字招牌，现时偶尔在街市可以看到，而在黄大仙的解签档，不少都采用红底白字以至红底金字，这都是个别行业的特定形式。

顺带一提，红色还有代表危险的意思，所以一些比较古老的消防通道指示牌，都会使用红色字。后来消防处已规定将这些指示牌改为绿色，所以现在已相当难找到这种指示牌了。

红色招牌

旧式红字出路灯箱

黄色招牌

　　首先声明，这里说的"黄色"招牌，仅指主要使用黄色字，或黄色底色的招牌，并不是指"色情招牌"的"黄色招牌"。当然，一部分色情招牌也使用黄色作底色，但这已经逐渐少见了。

　　我在街头观察招牌的过程中，仍然看到不少黄字或黄底的招牌。尽管在一些人眼中，黄底招牌并不正派，但因为黄色还是比较抢眼，不少人也喜欢选用，尤其是黄色跟红色的配搭更为显眼，所以也比较多红底黄字或黄底红字的招牌。

佛具店

锁匙店

比较多使用红底黄字招牌的行业，居然是面店。我从小时候就已经常常看见这种式样：红底黄字招牌，以拉通托底制作，配上边框及海棠角装饰。面店使用这种招牌，可能纯粹是为了好看，但也说不定这是同一招牌店设计或制作的。另外有些跟中国传统有关的行业，也会使用黄字或黄底的招牌，例如这间位于北角的粤剧社。

面家

剧社

顺带一提，近年有些来自内地的设计也使用红底黄字（见下图）。连带一些本地出现的宣传横幅，也会将这种颜色配搭，戏称为"茄蛋字"。这种单纯的红黄配搭的横幅，虽然很抢眼，但在香港不算多见。反正现时横幅多以喷画制作，多放几张照片进去，多用几种颜色，也不会使用这样"单调"的设计。

绿色招牌

绿色给人的感觉是什么？安全、舒适、自然。那有什么招牌或告示会使用绿色呢？

第一当然是俗称"出路牌"的紧急出口指示牌。标示紧急出口所在位置，对建筑物内的民众于需要时逃生，至为重要，所以必须清晰地标示其所在。虽然早于1964年，消防处已发出《最低限度之消防装置及设备守则》，但当时并没有要求指示牌的颜色。记得我小时候的"出路牌"，有很多是白底红字或者红底白字。后来政府对"出路牌"的要求经过多次更改，直到2000年11月，消防处明确指示"出路牌"应为白底绿字，也对大小有了一定的要求，便成为我们今日看到的出口指示牌。

出路牌

绿色招牌

第二就是一些跟种植、园艺有关的行业。近年流行在天台或露台种植，有关"都市农夫"的周边产品应运而生。还有一些花店或种植用品店，招牌也是绿色的，在旺角花墟一带不难找到。

花店

种植用品店

第三是安老院。绿色给人"长青"的感觉，也给人舒泰安稳的印象。虽然在市区环境下，白底绿字或绿底白字绝不会显得突出醒目，但基于老人院的经营模式，不须像零售店铺般吸引街客，故此根本不须要求招牌抢眼。加上最抢眼的白底红字给人刺激的印象，或者白底黑字或黑底白字会给人不吉利的感觉，所以安老院比较多采用绿色字。当然这并不是绝对的，小部分安老院招牌也是红色的。

绿色招牌给人的感觉是安全、舒适、自然，很多安老院的招牌都是绿色的。

蓝色招牌

讲到蓝色，必须要分两大类：一是深蓝，二是浅蓝。两者的差别，真的非常大。

首先讲讲深蓝。包括法国蓝、海军蓝，当中最忌讳的叫法是——死人蓝。中国人办丧事时，灯笼或寿衣等常常见到深蓝色，所以深蓝色常常被联想到不吉利。当客人要求用这种蓝色时，招牌师傅都会稍作提点，以免招牌用错颜色，影响商户形象。

至于殡仪业方面，有些商铺的确会故意使用这种颜色的字，突显行业特性。在红磡，殡仪馆林立的地区，可找到一些这类的招牌。但是，根据我个人观察，少于一半的殡仪业商户使用蓝字招牌。基于美观考虑，红字或金字亦常见于殡仪业招牌。然而，深蓝色就是招牌的禁忌吗？

我看过一些历史图片，以前不少大型外墙招牌都是深蓝底白色字的，而且涉及很多行业，例如食肆、银行、药房，甚至舞厅等。这类招牌现已不多见，但偶尔亦可以看到。其实这种蓝色，撤除"死人蓝"的偏见，当招牌随年月稍为褪色，也可以很好看的。

至于浅蓝色则截然不同了。洁净、舒服、清凉，以至大海，都是浅蓝色给人的印象。于是，一些与以上有关的行业，都会用上浅蓝色字的招牌。最常见的行业是洗衣店，相当大比例的洗衣店都是用浅蓝色字做招牌的。

深蓝或浅蓝招牌，两者的差别真的很大！

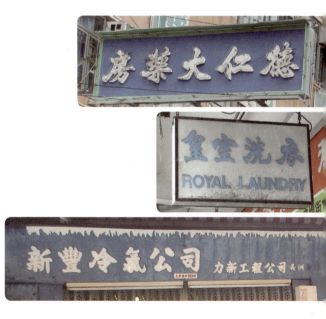

紫色招牌

紫色给人的感觉差异比较大，可以是高贵，可以是诱人，也可以是充满魅力。于是在招牌的使用上，引申的行业及视觉语言，也没有单一的阐释。

以女性为服务对象的行业，例如时装店、美容院等，会比较多用紫色招牌。紫色能带出女性优雅高贵的感觉，突显商户的形象。

美容院

时钟酒店或者所谓"别墅"，也常常使用紫色。有些人会觉得，紫色有性感的含义，或者是"紫"醉金迷的感觉，所以当见到紫色招牌的"酒店"，就知道这不会是一家"普通"的酒店。或者下面这两幅图，同样是租房广告，红色底色看来比较普通，但紫色的那一幅，看似是"爱情酒店"的广告，给人很不同的印象。

感觉各异的出租房

　　紫色也是相当鲜艳的颜色，所以有些幼稚园的招牌也会使用紫色。当然，七色彩虹的色彩配搭会比较多，这里有一个以紫色为主色的例子。

幼稚园

　　某日我在坐巴士的时候，居然发现一家使用紫色招牌的医务所。这样的用色相当破格，不过即使医生招牌的规限相当严格，也可以有一些比较轻松的形象。现在医生招牌的设计及用色，也比以前开放得多了。

医务所

黑色招牌

白底黑字给人的感觉，就是正式、庄重、严肃。因此许多专业人士或机构，都会使用白底黑字。很多告示牌都会用黑色字，这样看起来正规，而且黑色字不易脱色变色，持久耐用，亦不易被污迹覆盖。

医生招牌有相对严格的规限。根据香港医务委员会《香港注册医生专业守则》规定，西医招牌无论数量、展示位置及大小，均有严格规定。虽然颜色方面没有明文规定，但一般都使用白底黑字，以示专业及低调的形象。虽然近年已有其他颜色的招牌（我也见过橙色！），但仍以白底黑字居多。中医及跌打医师，也爱使用黑字，原因除了看起来稳重正气，也听过因为病人害怕治

医生招牌

疗时"见血",因此避用招牌最常见的红色,顺理成章使用黑色。

　　除了医生招牌以外,一般大厦水牌也会使用黑字,以达最清楚的展示效果。此外也有不少商业机构、贸易公司,以至社团或工会,都会使用黑色字。同一道理,几乎所有学校的招牌都是黑色字。学校需要展示纯朴正规的形象,难以使用其他颜色的招牌字。当然也有例外,例如幼稚园招牌,越多颜色越好,以吸引小朋友的目光。

中医馆

学校

大厦外墙

　　抬头看看大厦外墙，很多大厦的名称使用黑色字，跟普通招牌有点不同，大厦外墙字本身已经很大，使用黑色就够清晰抢眼了。

中英文并列招牌，英文通常使用黑色字

有些中英文并列的招牌，中英文会使用不同的颜色。不少例子都是中文使用红色，英文使用黑色，这都是一般店家的使用习惯。

至于黑底白字招牌则较为少见，一是看起来比较不显眼，二是会令人联想到丧事。然而个别中医或跌打师傅，会使用这种颜色配搭。根据观察，似乎属于商户个人喜好，并没有特别的意思。

跌打店

多颜色招牌

招牌说！

　　香港日常最多见的招牌，都以显眼直白为主，颜色搭配务求在远处也看得到。所以白底红字、白底黑字、红底黄字等搭配便最为常见。现时虽已进入电脑制作年代，但招牌颜色很少使用花花绿绿的颜色，都以单色或纯色为主，当然底色可以是渐变色或图片。招牌用上单色字，至少会感觉正式庄重，给人老实可靠的印象。

家具店

　　一般招牌用上两种颜色是很常见的，看着也顺眼，而有四种或以上颜色的招牌，我姑且称为多颜色招牌吧（照片、图画当然不算），用上这么多颜色，除了客户贪多，种种颜色都想要以外，当然也有实际的需要。

　　首先是一些字比较多的招牌，这种招牌同时也作广告牌用，内含资料很多，如果用单一颜色的字，字句容易混乱，所以用颜色区分句子，每"句"使用一种颜色，也不失为解决方法。当然公司名只用一种颜色，方便辨识，也不流于花巧。这种做法并不算很常见，可能因为颜色多会令制作比较麻烦，费用也会增加。

　　其次，个别行业有需要使用多颜色招牌，最常见的

以颜色区分资料

是幼稚园。坊间普遍认为，七彩缤纷的颜色会吸引小孩的注意力，从而令他们心情愉快。我也见过有补习社或教育机构，招牌颜色也是色彩缤纷的，可能是想令学童（即是顾客吧）轻松一点，也与传统中小学比较正规的形象区分开来。另外，最近建成的启德儿童医院，招牌也用上了七彩颜色字，也是因为以儿童为服务对象。

幼稚园

启德儿童医院

记得以前新蒲岗有一家叫"彩虹"的快餐店，因为名称的关系，招牌顺理成章色彩缤纷。现在的彩虹地铁站月台，也都用上七色彩虹作主色调。因此名称也是决定用色的因素，当然这是少数的例子吧。

221

第七章

香港招牌游

现时香港很多特色招牌都被拆卸，但看招牌一定要看出名的、有特色的招牌吗？我觉得从生活周遭看到的招牌，更有价值。以下会从我工作的地方——新蒲岗出发，再到观塘、九龙城、上环、长洲等地走走，在旧区欣赏招牌的美感和趣味。

📍**新蒲岗**
　　锦荣街
　　立安工业大厦
　　建新疋头公司
　　义发工业大厦
　　彩虹道街市
　　爱丽斯发廊
📍**观塘**
　　九龙面粉厂
📍**土瓜湾**
　　协安汽车玻璃
📍**九龙城**
📍**上环**
　　海味街
📍**香港仔**
　　利群商场
📍**葵涌**
　　区深记
📍**元朗**
　　三江国货·章记家私
📍**长洲**

元朗

长洲

葵涌

新蒲岗

九龙城

土瓜湾

观塘

上环

香港仔

新蒲岗锦荣街

　　新蒲岗街道跟很多旧区区别不大，可能这里因为没有地铁抵达，社区发展较慢，因而保留了很多旧式的街坊招牌。我办导赏团时也有带人去参观。看住宅区的话，路线一般由锦荣街开始，再看衍庆街。

　　锦荣街口有一家修理电视机的店，为收入不高的街坊服务，已屹立多年，招牌也是传统的白底红字，这正是最街坊、最亲切的样式吧。

往前走两三个铺位，抬头望上一楼，有"港九罐头酱油业职工会"招牌。招牌底板为铁制，白色底色为手扫漆，红字及框线用磁漆手写上去。隶书字体显得风雅秀丽，而磁漆比手扫漆更耐用，底色掉了，字仍历久不褪。

马路两旁均有麻将馆，最近经过装修，外观金碧辉煌。墙上装有巨幅 LED 幕墙，既有广告板之效，亦标示店名，也可算是新式招牌的一种了。

巨幅 LED 幕墙

麻将馆附近总有当铺。走前一点，看到天兴大押。有实力的店铺，就花得起钱，门顶的黄铜字招牌，在区内绝无仅有。同一门面，霓虹招牌、LED、胶贴字招牌同时出现，夸张得唯恐客人看不到它。

左上：大押
右上：风水店
下：粉面店

　　在前章提及的"成记牛什粉面"也位于锦荣街，铺外二楼安装了一个由四格组成的招牌，横向伸出马路。字是以"读入铺"方式排列，因为牛什是招牌菜，"牛什""粉面"各使用一格招牌，连同"成""记"各一格，尽量利用有限的四格招牌位置。

　　左转入衍庆街，抬头看上大厦三楼，莫名其妙地出现"星命哲学家李达"字样。红字加上白色阴影，区内现在已找不到同类的手写字。虽然看不到落款，但我估计这可能是街头书法家曹华安的作品。

　　讲到曹华安先生，这里原本有"东头乐善诊疗所"外墙手写字，也出自他的手笔。旁边有一块三角柱体招牌"西医曾树铭"，属旧式医生招牌式样。以前医委会曾规定，位于一楼的医生招牌，面积不可大于十平方尺，避免标新立异式宣传，以维持专业低调的形象。很可惜，这个区内仅存的三角招牌，以及曹先生的广告字，已随诊所的搬迁，成为历史遗迹。

诊所

　　2018年的"山竹"风灾过后，这里损失了一些旧招牌，令人惋惜。尽管如此，这里好看的招牌远不止这些。我带导赏团经过这里，一般都花半小时以上才能讲完。大家经过旧区的话，不妨抬头看看，有没有值得欣赏的招牌吧！

立安工业大厦

立安工业大厦的招牌，可以说是我在新蒲岗最喜欢的招牌。它并不显眼，面积不大，颜色也不见得耀目，但这样反而能与工厂区的环境，自然融为一体。

大厦位于新蒲岗五芳街，建成于 1965 年。因为招牌是与大厦连在一起的水泥结构，并非安装上去的，所以这个招牌很可能是与大厦一同建成的，也就是距今已有五十多年历史了。

这个招牌由七个水泥方格组成，左边是凸字大厦商标，右边是由右至左写成的"立安工业大厦"六个字，每字占位一个方格。字体介于楷书与行书之间，以

中文字部分

英文字部分

招牌字而言，笔画偏细。坊间水泥字多为凸字，而这里却是凹字，虽然这会导致雨水渗入，但水泥字上的流水痕迹，居然没有污秽破旧的感觉，看上去反而有点理所当然。

这六个字的大小，也有别于一般招牌。平常招牌造字讲求字形大小均一，视觉追求平衡，这样才能给人稳健踏实的感觉。这里的六个字反而大小不一，书法味道浓厚，当中"大"字显得最小，感觉这位书法家有些俏皮破格呢。

左边的商标，看来令人摸不着头脑。后来我在一次带导赏团时，一位中学的视艺科老师破解了其中的谜团。大厦的名称不是广东话一般拼音"Lap On"，而是"Lead On"，有率领的意思，这使人一时难以理解商标内容；但当明白"Lead On"这一点，就可慢慢看穿商标的玄机了。

有朋友觉得，商标看似工业大厦的外观；又有人说，这看来十分类似货物堆叠的样貌。无论如何，这个五十多年前的招牌，越看越令人觉得是别出心裁的作品。不论作者的设计原意如何，令不同人有不同的解读，也许就是这个招牌的出色之处。

建新疋头公司

新蒲岗大有街32号

招牌已拆卸

建新疋头公司位于新蒲岗大有街，其前后门的招牌都值得看看。这个招牌位于泰力工业大厦，据我所见，这个地铺已没有开门很多年了，在网上查一查，公司仍在运作中，只是办公室已搬到附近的大厦。

工厂区都有一个现象，就是当中有不少华丽的招牌，只是都在工厦楼上。自20世纪60年代，香港经济起飞，许多厂家收入丰厚，工厂规模越做越大。因此许多厂房都是自置物业，不怕加租、迁走，所以都愿意花钱造招牌。反观同区地铺，因为多数是食肆、五金店、士多或其他服务街坊的店铺，招牌大多平实无华。

我没有考究过建新疋头公司这个地铺是否其自置物业，它多年没有开门，内里的情况我也一无所知。其正门位处大有街的招牌，门顶以咖啡色云石铺底，上面的金属字，多年来依然比较崭新干净，可见手工不错。云石底金属字这种做法，价格比较贵，以二三十年前来说，是比较有实力的象征。

云石底金属字

左：香港的手写字体
右：台湾的手写字体

这幅招牌的六个字，都是当时流行的北魏体，笔法粗犷豪放，在新蒲岗却不多见。以前街头写字师傅都能写几种字体，通常楷书比较便宜，隶书和北魏体会比较贵，这个可能是新蒲岗招牌比较少出现北魏体的原因。

这家公司后门的招牌也很有意思。首先它用了李汉先生的字。难道这个招牌是我爸制造的？我问过我爸，他认真回想后回答："这招牌说不定是我造的。"那我就当作是吧！其次，招牌上面的字是用比较厚的透明胶片托底，表面加上一层厚约 3mm 的沙金胶片。如果有大光灯照射，会有金碧辉煌的感觉，这种做法俗称"水晶字"，价格较贵。

这幅招牌很多时候都被我用作教材，因为邻铺"大眼仔美食"的招牌字体用了台湾的手写字体，风格明显较李汉字温柔，突显了香港台湾两地的文字风格。而两幅招牌因为年代不同，用色也有很大差异，建新的较沉稳高贵，大眼仔的较抢眼亲民。两个大小相类的招牌放在一起，相映成趣，更能显现香港创作自由、百花齐放的特质。

义发工业大厦

新蒲岗大有街35号

义发工业大厦外墙招牌位于新蒲岗与爵禄街交界。大厦于 1965 年建成。

这个招牌最主要的特征就是大，占据十多层楼高的整个大厦外墙。单就左下角的印章，已有一个小孩的身高；而"义发工业大厦"这六个字，每字估计高约三米，接近两个成年人的身高。相比起东九龙的另一个巨型招牌"九龙面粉厂"，义发招牌要大得多，只是因为新蒲岗交通不如观塘方便，这里的名气似乎不如后者。

这幅外墙招牌的左下角有落款，写着"陈正文"三个字，以及他的印章。有落款的招牌，在新蒲岗相当罕见。至于陈正文是什么人，我在互联网上找不到。有趣的是，紧邻的正华工业大厦也有相似的外墙题字招牌，题字者署名"陈正"，不知两者是否有关系，也可能是同一人吧。

落款

中英文字的配搭

先看看这个招牌的英文部分。英文字用了有衬线的英文字体，以五十年前的工厦招牌来说，感觉比较讲究，到了今日仍不觉得过时。而中文字方面，字体介于楷书与行书之间，六个字当中，"义""发"二字均为异体字，这是手写招牌常见的现象，看来生动多变，又不失招牌字的可辨性。

这招牌的制作方式，属于大型水泥字。这种字的制作过程，已没有详细记录，只有靠老师傅的忆述，以及个人的估计作推断。有别于小型水泥字（见另章），制作大型水泥字，先要将字稿在墙上放大，勾画出线条，并以木板或金属片将字的外框围起，再将水泥以批荡方式将字填满，形成一个有厚度的大字。这种制作方式，因为需要大量人手，现在已不复见，取而代之的是较轻的空心金属字，通常在内地制作，成本大大降低。

有朋友跟我说，这幅外墙招牌的用色比较新潮，粉蓝底深蓝字的确跟传统工厦的古老形象有些格格不入。我记得以前是灰色外墙，黑色大字，感觉有些破旧，后来大厦维修，换上比较现代化的新装，看来也相当不错。

现今新建大厦为增加自然采光，多数以玻璃幕墙为主要的外观，所以这种占据整幅大厦立面的外墙招牌，很难会再出现。且这种大字招牌，现时亦不流行，即使想在外墙展示大字，亦会以可闪动的 LED 灯，甚至用巨大的 LED 幕墙替代，可以随时转换所需展示的文字及图案，甚或可以卖广告赚取收入。

彩虹道街市

新蒲岗双喜街 9 号

要学会欣赏招牌，不是要到最具历史价值的热门旅游点，也不一定要到参茸海味店林立的中上环，到旧街市看招牌无疑是一个好选择。当然街市不会像超级市场那样干净整齐，地上不时会有积水甚至老鼠，场面也较

冷清。

位于新蒲岗双喜街的彩虹道街市，于 1989 年建成，门前这个招牌，上面的字用胶贴字制作，属 20 世纪 90 年代初的风格。我非常记得当年开业时的景象，因为街市内数十个摊档同时开张，就近街市的招牌店都忙个不停，制作摊档门顶的白底红字招牌。记得当时还在读初中的我，就算临近大考，也要到老爸的招牌店帮手，心里当然不高兴。

当年街市给我的第一个印象，就是在地下到一楼那条手扶梯上看到的"民以食为天"五个大字。那样大的行书字体，大概不会一笔而就，应该是经放大，再用油扫以填色方法完成。经过近三十年，橙底蓝字依然十分醒目，光洁如新。

行书

这条街市因为附近大成街街市开张，加上近年食环署停止租出这里的铺位，人流现已非常疏落。大概也不会有新招牌在这里出现了。但要欣赏旧的街坊招牌，这里还可以找到不少。

比如直接写上去的招牌，可能是请人写的，也可能是自己写的，总之店主自己满意就好。到了今时今日，就算要"大清货"了，还是要用一手好字呈现。

手写字"大清货"挂布

街市外围有一家"明记"服装店，招牌大约在1993年制作，除了白底红字，外围还加上绿色框线。绿框在旧招牌上颇为常见，我问老板娘绿框有没有特别含义，或者在什么指定场合才可以用，她说："无嘅（没有），纯粹靓啰（好看）！"

在街市内也可找到一些李汉伯伯的楷书字体。合记蔬菜、威信、容记等都是他的手笔。有些招牌敌不过岁月，开始脱落了。

转一个角落，可以找到"彩源商店"及"金源报业"。这两个招牌均为北魏字体，再看看附近店铺一些已掉落的旧招牌，似乎出自同一人之手。这些招牌也是我老爸的招牌店造的。根据老爸忆述，这些字都是装修判头交给他的，不知出自谁人之手[1]。由此可见，商铺

---

1 有老师傅看过说那是另一街头写字匠黎光的字，亦有人说李汉会写北魏字，但都已无法证实。——原注

绿色边框招牌

李汉楷书字体招牌

李汉楷书字体招牌

北魏体招牌

使用什么字体做招牌，很多时候都是随机的，没有特别深思熟虑。

老爸见这些北魏字写得非常出色，便把字复印留下来了。所以在他的珍藏中，能够发现这些招牌字的原稿。

最近看到有报道，指彩虹道街市可能将另作发展，暂时前途未明。但可以肯定的是，里面的街坊招牌，将随街市内店铺陆续迁拆，逐渐被人遗忘。

爱丽斯发廊

新蒲岗景福街 75 号

爱丽斯发廊是我十多年来经常光顾的理发店，位于新蒲岗景福街某大厦的一楼，开店至今，已有四十多年历史了。店主黄先生说，他的店原本位于衍庆街，比现在的店面要大得多。但店主现在年纪大了，不能招呼太多人，店内只剩下三张理发椅子。理发师只有他一人，他的太太有时会帮忙洗头吹头。

位于楼下的紫色招牌，是我带领招牌导赏团时的指定教材。上面的字，两边的阅读方向相反，由马路开始向建筑物延伸，是典型的"读入铺"招牌。招牌不算很大，大约三尺乘四尺，和理发店一样有四十多年历史。由于招牌制作精良，加上位于檐篷之下，没有直接受到风吹雨打，看起来状况良好，没有陈旧感觉。我曾问店主为什么选择紫色，店主说原因很简单，只是个人喜好而已，他当时没有留意到原来紫色招牌很多时都属于"纯粹租房"的酒店，就是觉得好看。

招牌是在 1978 年制作的，字体很像李汉的字迹，但无法完全证实。问店主招牌的制作费，原来当年这招牌索价二百元，包括制作及安装，在当年来说并不算贵。店主说当年与今日理发的价钱大约相差二十倍，如果这算作通胀的标准，今日这招牌要四千元左右。以全手作而言，也相当合理。

步入大厦楼梯，左边可看到已褪色的价目表。上面的字由专人写上，而俊男美女的头像，不是直接印上去的，而是由剪贴制作而成。除了价钱以外，价目表保持原貌，是 20 世纪 80 年代的风格。从上面的头像看，居然看到年轻的吴奇隆，可以断定这个价目表是 20 世纪 80 年代末到 90 年代初制作的。

楼梯的另一边，有一幅由手绘喷画制成的女像，画工精致细腻，而且完全没有褪色，令人惊叹。今时今日电脑制作盛行，像这样彩色的手绘作品，极为难得，店主说："这些喷画相当常见啊，价钱也只是几百元。"这种喷画在很多理发店都有，但无论大小及质量都有很大差别。

到了一楼理发店门口，还有另一个黄底紫字的招牌，颜色很明显是店主亲自选择的。招牌的上方崩了一角，店主说这原来是由理发店旧址搬过来的，拆除时不慎造成损坏。反正损坏不算严重，旧招牌也有纪念价值，所以照用算了，如果要造新的也要再花钱，不如将就一下。结果，招牌的寿命也延续了二十多年。

古旧的发型店给我的感觉自在舒适，即使镜子上有点锈迹，椅子的坐垫也凹陷了，但这种环境却令人安心。最后我问店主为什么叫"爱丽斯发廊"，答案很简单，原来这是店主太太的英文名字。用太太的名字作为店名，用潮流语来说："真係好闪啊！"

已褪色的价目表

手绘喷画制
成的女像

黄底紫字招牌

多产的手写
招牌师傅：
曹华安

回想起认识曹华安师傅的字，是在我搜集新蒲岗招牌资料的时候。新蒲岗有一个空置的西医诊所，街口转角有硕果仅存的三角形西医招牌，外墙还写有诊所的名称。后来我在比对谷歌街景照片时发现，原来手写招牌名称的下方，写有一个人名及电话，署名是曹华安。

新蒲岗空置诊所

除了新蒲岗，后来我在土瓜湾、观塘、九龙城均发现他的手写招牌字。从字的风格来看，他写的全部都是楷书，符合香港的招牌字风格，笔画粗而醒目。相比北魏字体或李汉港楷，曹先生的字感觉较敦厚老实，虽稍欠气势，仍不失为相当不错的招牌字。

用上曹华安师傅字的招牌

马头角十三街一带，多为古旧的住宅区，相信至少有五十年历史。这里有很多车房聚集，连带有汽车玻璃、铁器工程等店铺等。这条街很多招牌都是手写的，以白底红字居多，但偶尔能见到红底白字、蓝底红字，字还加上了阴影，有立体效果。这些招牌的共同点，就是都能找到曹先生的"落款"及电话。

我好奇问附近的店主，他们都不约而同地说，这些招牌至少有十多年历史，现在已找不到曹先生了。他们都不知曹先生的现况，只知曹先生年纪相当大，退休已是必然的了。我记得在网上看过一张图片，一个招牌的下角写有"曹华安八十二岁书"，令我很想打探一下他的消息。

我尝试致电招牌下方留下的电话号码，有两个已不能接通，第三个打通了，传来了一把女人声音。她自称曹太，是曹华安先生的儿媳妇。她说曹先生已经不在了，大约是十年前去世的，享寿九十二岁。曹太说曹老先生的家人大多移居海外了，并没有继承曹老先生的事业。

曹华安到了八十多岁仍很健壮，一直写到八十六岁才退休。因为他是白手写招牌字的，所以要爬梯到门顶、阁楼甚至更高的地方写字，当时曹先生仍可应付。根据曹太忆述，曹老先生除了身手灵活外，视力还相当不错，而且他对招牌字的大小及排位估计十分准确，令人不得不佩服他多年的功力。

　　网上很少提及曹老先生，我向曹太提到，我们应多谢他为香港做的贡献，曹太不禁笑言不敢当。随着手写招牌字已被各式招牌取代，相信已没有新人从事这门手艺了。手写字招牌都是最廉价的招牌，没有人会有兴趣去保留，相信只会越来越少。趁着现在街上仍有一些这类招牌字，有缘看到的话，不妨欣赏一下，并试着看看招牌的角落，能否找到曹老先生的珍贵署名吧。

用上曹华安师傅字的招牌

九龙面粉厂

观塘海滨道161号

　　每次乘车经过观塘绕道，都会看到观塘工业区，当中最瞩目的地标，要算九龙面粉厂了。那两组招牌大字，一组横排一组直排，每个字高约一层半楼，大约有四五米高，远至海港对岸的香港岛，也隐约可见。

　　九龙面粉厂于 1966 年落成，至今已有五十多年历史。从历史图片上见到，那两组招牌大字在大厦落成时已经存在。大厦楼高九层，比附近的新大厦矮一截，亦略见陈旧；但那栋高七层楼的面粉槽，在全香港都十分少见。大楼是 20 世纪 60 年代的建筑风格，那条从外面也看得清楚的楼梯，令我想起了中环的香港大会堂。

　　现在九龙面粉厂仍在运作，在炒卖挂帅、不重视实业生产的香港，实属非常难得。2011 年，时任发展局局长的林郑月娥亦看到面粉厂的独特性，认为观塘工业区在大规模重建的同时，亦要保育一些有特色的建筑物，并指明九龙面粉厂应予保育活化。但面粉厂至今仍在运作，并无计划拆迁，保育计划亦不了了之。

　　"九龙面粉厂"这五个字十分清晰显眼，拥有香港传统手写招牌字的特色。其书法字体属于北魏体，感觉刚猛有力。两组字的大小相近，但制作方法各异。直身位于面粉塔上的那组是油漆字，因为墙身较为崭新干净，不可能五十年内都没有维修过，所以极可能经过重髹。

油漆字

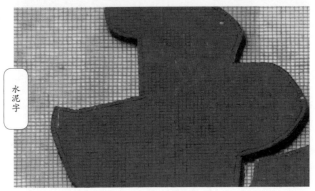

水泥字

　　而横身位于大厦顶的那组字，初时我以为也是油漆字，但近看发现大厦顶整幅招牌都铺上纸皮石，上面的黑色字，应该是水泥字，表面再铺上纸皮石，制作比想象中精细，而且估计所费必定不菲。可惜的是别说在观塘绕道上去看了，就算在大厦底下看去，因为太远的关系，也不能看到那些精细的手工。

你有没有留意到这五个字的写法，除了"九"字以外，其他字跟我们平常的写法有些分别呢？没错，根据考证[1]，其中的"麵"应为正写，我们平日常见的"麵"字却只是俗写。这可能反映了 20 世纪 60 年代的书写方法，当然现在看来，"麵"字也因约定俗成，为大众接受了。其余的"龍""粉""廠"三字均为异体字。五个字中，有四个字虽然跟日常写法不同，但却丝毫无损这招牌的可辨性。

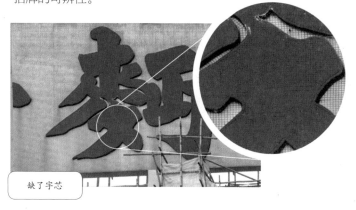

缺了字芯

招牌上还有一个细节，可能只有我这个招牌佬留意得到：大厦顶部那组水泥字，其中"麵"字左下方的"夂"，中间那个小三角形并没有造出来。这些部分我们称作"字芯"，有时我们割字时也有漏做，但这么大的字也有这个缺失，作为公司的大招牌，这种情况相当罕见。

1《中华新字典》，中华书局编著，香港：中华书局，2017 年，第 729 页。
　　——原注

协安汽车玻璃

土瓜湾凤仪街 21-27 号

这是一家有趣的店铺，位于土瓜湾凤仪街的旧楼之中，附近的店铺，全都与汽车维修有关。这区的招牌很多都是手写的旧招牌，不少都出自曹华安之手，而这家店铺拥有两个特别大的手写招牌，引起了我的注意。

这是一个相当宽阔的地铺，我没有详细测量，估计有七八米阔。店铺上方有一个白底红蓝字的手写字招牌，字是由左至右读的；而在其上面，阁楼外墙之上，又有另一组手写字，红底白字，字非常大，至少有一米高。虽然这组字与下方的字并排，但阅读方向却是由右至左。两组字在用色及阅读方向都是相反的，看起来相映成趣。

我留意到阁楼外墙的那组字，上面有铁架包围，原本上面有一幅巨幅横额遮盖这组旧招牌字的，2018年的"山竹"风灾后，横额损毁，旧招牌字得以重见天日。原来台风除了破坏招牌外，有时也会使更古老的旧招牌重现世人眼前。

这两组招牌大字，极可能是在1990年或以前完成的。一来从招牌左方，曹华安先生的"落款"可见，电话号码只有六位数字，这是1990年前的电话号码。另外，招牌上"西德"二字，也是时代的见证。德国于1990年10月3日正式统一，由此证明这两组字的制作年份，应该是20世纪80年代。这两组字虽然已有三十多年历史，但看起来状况不错，字体十分清晰，也没有明显脱落。

除了这两组字，这家店原来有特别多招牌。我仔细一数，这家店在同一店面共有十一个招牌之多！当中分别有胶片字招牌四组，油漆字招牌四组，胶片贴纸字招牌一个，胶片灯箱一个，以及玻璃镜面招牌一个。玻璃镜面招牌上面，是这里唯一一个北魏字体的招牌，看来比胶片招牌要古老，而"协安镜器"的"器"字用上了异体字。

　　问过我爸和另一位招牌师傅，他们都说做这么多的招牌，其实并没有特别的意思，一方面付得起钱就可以做，二来反正有的是地方，多做几个招牌充撑场面，也是显示财力的一种方法。

"器"字用了异体字

门边也安装了招牌

两个错处

　　我还留意到门顶招牌上的一些细节。首先是"专营"后面，冒号的两点是横写的，而其后"挡风玻璃"的"挡"字，错误写成木字旁的"档"字。这些细微错误，看来其实无伤大雅，可能只有一些像我这样的"正字特警"才会留意到。正因为有这些小小的"沙石"，旧招牌才会显得更加有趣。

跟谭智恒老师
看九龙城

　　一次难得的机会，有幸参加由谭智恒老师带领的导赏团，看九龙城的招牌及街道文字。谭先生是现任香港知专设计学院传意设计首席讲师，在字体设计及分析方面有丰富的经验。

　　九龙城区内旧楼林立，无论公共屋村还是私人楼宇，人口都以基层人士为主，亦夹杂一些工厂及车房，所以保留了不少旧招牌，很值得观察。

　　导赏团由宋皇台公园开始。碑刻乃长久保存文字的最佳方法，"宋王台"这三个字经历二百年的风吹雨打，依然清晰呈现。简简单单的三个字，已有两个可以讨论的地方：一是宋王台故事主人翁——宋帝赵昺为宋朝末代皇帝，理应称为"宋皇"而非"宋王"，相信"宋王"是沿袭元朝修宋史之谬，所以石碑上写上"宋王"乃不太准确的写法。另一方面，碑上"台"字乃异体字，可能为方便在石上刻字，就简化了笔画。

　　马路对面的福桃楼招牌，字体为楷书，字形秀丽，没有街坊招牌般的霸道感觉。因为字比较大，而且是刻在黑色云石上，字髹上金色油漆，马路对面也看得清楚。

　　谭老师说，这区大多为商住两用楼宇，楼龄较高。自第二次世界大战后，外地不少资金及人才流入香港，导致住宅及工厂大厦均不敷使用。政府因此在 20 世纪 50 年代，容许私人兴建楼宇用作工厂及商业用途，以解决各方面的需要，称为"综合用途建筑物"，直至 70 年代才禁止。地面多

福桃楼招牌

为商铺，二楼或以上则商住两用。很多街坊小铺都能在这里生存至今，招牌也自然在此百花齐放。

经过附近的公共屋村，可看到由北魏体写成的楼宇名称。区内的真善美村及马头围村，都可轻易找到这种字体。谭老师似乎很喜爱北魏字体，导赏过程中每当看到，都会停步讲解。

新南风餐厅是区内的地标招牌，占据大厦的半个立面。这应该是水泥凸字，表面再铺上马赛克纸皮石。字体是手绘的宋体字，看上去又有点姚体的味道。二十世纪六七十年代，"文化大革命"的宣传海报很多都会使用姚体，这个招牌或多或少受到这种影响吧。

联合铁号为北魏字体，风格刚劲有力。虽然是用胶片制作，但笔画末端仍保留飞白，更显招牌师傅的制作心思。四个字把整个招牌挤得满满的，符合香港人尽用空间的性格，老远也能清楚看到。

新南风餐厅

真善美村至真楼

联合铁号

冰室

九龙城码头

九龙城马头角十三街是历史悠久的社区，建筑物相当残旧。这里最多的是车房以及相关行业，招牌多为手写。店铺阁楼外墙上，偶尔保留古老的水泥字招牌，还可看到不同年代的路牌。

导赏团以九龙城码头为终点站，这里恐怕在不久的将来就会拆卸，而码头上的字体则相当罕见。这类似一种广告字体，俗称"钉头字"，常见于印刷品。谭老师笑说，可能写字当日，"写字佬"因某些原因不在，所以店家要临时找来一位"广告写画佬"顶上也不定呢。

九龙城作为一个旧社区，绝对是一个内容丰富的招牌博物馆。随着市区重建，这里的景观将会逐渐改变，所以要看招牌的话，就得趁早了。

海味街

上环德辅道西

海味街是上环德辅道西的其中一段，街道两旁主要是买卖海味为主的店铺。据说在 20 世纪初，已有华人在这一带聚集买卖海味，至今已超过一百年历史。这一带交通十分便利，是交通要道，有多条巴士路线经过，有百年历史的电车亦途经此道。这一段路的两旁被约有五十年历史的旧楼包围，楼上是住宅，楼下是商铺。店铺似乎经历多年也没有搬迁，估计当中有许多都是自置物业，没有被加租迫迁的忧虑，因此能够保留大量的旧招牌。

我对这区域并不熟悉，只是慕名而来看招牌，看的是由皇后街到正街的一段——德辅道西。短短大约五百米路程，急步走的话，十分钟可走完，可是这里的招牌多得令人目不暇接，各式各样的字体、造法、物料都有，专程来看招牌的话，必定会在这段小路来来回回、流连忘返，把这个充满生命力的招牌博物馆好好欣赏一番。

不同招牌制作方法展示

首先，论招牌制作方法，木字、不锈钢字、胶片字、铜字、水泥字，想得出说得到的在这里都能看到。无论是百年老号、饱历风霜的古老招牌，还是最新制作的现代招牌都可以找到，就像一个小社区，年轻人和长辈一同生活，协调出和谐画面，同在一条街上，服务不同店铺、不同街坊。

照片提供：
刘国伟先生

不锈钢字

木字

铜字

LED字

胶片面，木字

　　其次，从书法字体来看，楷书、行书、隶书、北魏、电脑字体，甚至篆书都可以看得到。同一街道上有如此多不同字体的招牌，而且书法水准相当高，如果单纯从观赏书法角度而言，海味街堪称为一道书法的艺廊。

楷书

行书

北魏

隶书

在这些老店里面，往往收藏着祖传的金漆招牌，通常放置在店铺最后方的显眼位置，被店主视作家传之宝。从正门看去，可以同时看到大门招牌和店内的金漆招牌，二重招牌格局，给人庄重有气派的感觉。另外，我看到特别娇小的"和珍号"招牌，形状特别之余，中文还是竖直写的，题得与众不同，已有六七十年历史了。

二重招牌格局

『和珍号』招牌

这里长久以来都没有通地铁，直到 2014 年底西港岛线通车。这无疑大大改善了这里的交通，但换来的是租金上涨，地产商垂涎旧楼业权，积极计划重建。这种现象在很多地铁新近通车的区域都有出现，不难预见，这里亦将会经历更快更急的变化。

利群商场

香港仔香港仔大道 223 号

从香港仔乘车到华富途中，路经香港仔海傍道，我被几个非常大的英文字吸引住了：ABBA。大叔如我马上想起了 20 世纪 70 年代瑞典著名流行乐团 ABBA。当然这只是商场名称，跟乐队没有关系。在大字旁边有些小字（其实也颇大的），显示这里的名称——利群商场。

利群商场被香港仔大道及香港仔海傍道环抱，楼高两层，是以独立小店为主的旧式商场。商场于 1983 年落成，四边外墙均有大得夸张的招牌，而且用上了抢眼夺目的红色。对于一个中型的商场而言，这组横越七八个铺位的招牌字，明显大得夸张，别说向内街那边的方向了，就算是向海那边比较开阔的方向，也十分令人注目。

商场招牌最大的英文字 ABBA 有大约两层楼高，连同小字"SHOPPING MALL"均用上了 Helvetica 字体。说到 Helvetica 字体，虽然电脑在 20 世纪 80 年代未普及，但这种字体在植字公司可以轻易得到，无衬线的简约设计得到广泛的应用。Helvetica 字体可算是设计界的典型代表，学习字形设计的人一定会懂。在这个招牌上，英文用上柔和的无衬线美术字形，但中文字没有配合地使用黑体字，而是使用了手写毛笔字，笔触铁画银钩，两者并不协调。这种情况在旧招牌上不足为奇，可见当时对中英文字体是否搭配，未必会太重视。

中英文字的配搭

商场的另一边，有一个用"利群商场"四字组成的标志，大小也是两层楼高，面向香港仔大道，近距离看去很有压迫感。这种外墙大招牌，虽说可能是出于决策人的选择，但也可能是 20 世纪 80 年代的一种风格。我在观塘世纪中心，找到了一个风格类似的外墙标志，风格和颜色都很相近，连英文字形也相同。巧合的是，世纪中心也是在 1983 年建成的。

在经济起飞的年代，赚钱相对容易，能花在招牌上的预算也较多，加上在繁盛的街道上，要令路人注视，突围而出，把招牌造得夸张巨大，应该是一种有效办法。个人观察，在百业兴旺的年代，招牌无论在设计、用色，以至大小方面，都会倾向夸张夺目。这种手法在今日看来，会显得令人窒息，现时有些招牌的风格，会受日本或中国台湾清新低调风格的影响，反而会走向另一个方向，招牌字变得很小，跟一般香港招牌很不同。

要造出这么大的字，除了大型水泥字和油漆字以外，最佳造法就是空心金属字。这种制作方法由来已久，从大型铁皮招牌，到不同形状的霓虹招牌，都使用铁皮制作；同样的方法，也可制成大型金属招牌字。直至今日，大型外墙招牌字也沿用此制作方法，或者现在会在空心金属字后方，加上 LED 灯作照明，在夜间勾画招牌字的外形，营造立体效果。

观塘世纪中心

香港仔利群商场

丽瑶村街市

葵涌丽瑶街

　　这是一个怎样看也平凡不过的街市，但对我来说，却充满了回忆。

　　葵涌丽瑶村是我年幼到少年时居住的地方。自二十年前迁离，我回来的次数屈指可数。今次偶然回来，觉得这里好像老化了不少，没有了以前那种宁静中又带点活力的感觉。毕竟这里交通不便，商户一旦迁出，便没有人愿意进来做生意，出现了不少空置店铺。

　　这是我自开始研究招牌后，第一次回到这里，感觉非常特别：儿时常常光顾的水果店大门紧闭，不知是否还有继续营业，同时发现招牌原来是写得很有气势的北魏字体，还有传统特色的通花铁闸，我以前只会匆匆经过，视而不见。或许街坊招牌就是这样，感觉亲切自然，就像空气一样，包围着每个人，却未必会感受到它们的存在。

这里的街市比起以前，已变得非常冷清了。一来相当大部分已划作茶楼用，被围封起来，面积小了一半；二来大部分摊档都已搬走，剩下寥寥几个摊档。当中这个"区深记"的店主是我从小到大都认识的老街坊，在这里开档有接近四十年历史。

区深记

我留意到这个菜档的招牌跟大部分摊档的有点不一样：街市摊档里面，很少看到隶书的招牌。档主辉哥没有忘记我这位旧街坊，我们一边倾谈这些年的变化，我一边又问他开业时订造招牌的情况。他说除了要写什么字以外，使用哪种字体、物料是由招牌师傅决定的。反正这个招牌也很好看，也没有留意原来使用了跟其他档口不同的字体。招牌使用了四十年，虽然已有岁月痕迹，但依然相当稳固，平时用鸡毛扫清理一下便可以了。

辉哥还是跟以前一样，每日继续辛勤工作。虽然不再年轻，女儿也已长大，但他的身体仍然十分健壮，在可见的未来，他和菜档仍然会继续为街坊服务。

三江国货·
章记家私

元朗大棠路英畅楼

将小字放大造招牌，绝对不是一个明智的选择。

在元朗大棠路英畅楼，靠近千色广场的一边，有个古怪的景象引起了我的注意：约四层楼高的墙壁上，用黄色油漆髹上的"章记家私"招牌及宣传语句不完全地遮盖着另一组较旧的油漆招牌字"三江国货"。虽然两组字都已褪色，但因为面积很大，老远都看得到。

国货公司在20世纪90年代前曾大行其道，相信这家"三江国货"就是其中一家。根据网上资料，三江国货在20世纪80年代中期仍在上述地址营业，相信后面已更名并迁到同区地铺，继续营业至今。至于"章记家私"，网上资料就有好几家同名的家私店，究竟跟元朗这家有没有关系，就不得而知了。

现场所见，章记家私的招牌字为黄色，字体为楷书；而较旧的三江国货招牌字是白字捆红边，字体是北魏体，英文则是纯白字。看来章记招牌的原意，是想用新字遮盖旧字，但效果似乎并不理想。一来新字比旧字小，不足以遮盖旧字；二来旧字在用色方面，比新字要抢眼醒目，加上颜色未褪，将黄色新字强加上去，效果自然不好；三来字体方面出了问题，对我来说，这字体再熟悉不过了——这很可能是李汉伯伯的字。

一般而言，处理新造的油漆字，必须重髹底色，彻底把旧字遮盖，效果才会理想。而这招牌的情况，很明显出自预算考虑，要重髹一面几层楼高的外墙，价格当然不菲，加上外墙有不少民居窗户，重髹外墙会骚扰住客，问题不易解决。

我常常说李汉港楷很适合作为招牌字，但在这里为什么会效果欠佳呢？我估计"章记"的招牌字，因为笔画看起来明显较细，应该是由比较细小的毛笔字原稿放大得来。作为招牌字，必须要写得比较粗，但不同大小的字，笔画粗细会很不同。基于写字师傅的收费标准，字写得越大会越贵，因此招牌师傅在制作这组油漆字时，用上了比较小的毛笔字来放大。反正都是放大，叫写字师傅写小字，能省下一笔写字费用呢。但得出来的结果，有目共睹吧。

　　处理这种情况，如果万不得已，其实可以在放大时自行将字适当加粗，效果会好一些，但当然不及把字写大一点的好。同样道理，当我用人手切割一些较小的字，而原稿是较大的字的话，也会将字刻意切割得细一些，这样比较清晰之余，加工亦较容易。

章记家私的招牌，是用比较细小的毛笔字原稿放大得来的

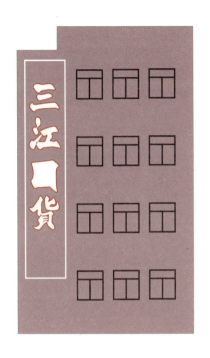

两种字体比较图

　　我在香港各地搜集李汉港楷招牌，多数都是比较小的街坊招牌，像这样大的外墙字，之前都没有见过。奈何"章记家私"这个招牌字效果不大理想，由此可见，一个好的招牌，除了字体以外，制作环节亦十分重要。

长洲

　　长洲是香港最多人居住的离岛，人口稠密。因为这里环境独特，位于香港市区之外，形成一个极具特色的社区，连锁商店比市区少，所以这里的招牌跟市区所看到的，有很多不同之处。

　　从招牌的大小看，因为长洲街道狭窄，店铺亦多数位于住宅楼宇一楼，店面较小，所以除了在长洲码头一带以外，招牌一般都比较细小，属于街坊招牌。店铺种类除了日常生活所需，还有食肆、五金水电、服装店等。这里的招牌普遍比较平实，白底红字的传统招牌，在这里也是随处可见的。

长洲的街坊招牌

在长洲也有一些比较讲究的招牌，就是社团招牌。长洲遍布大大小小的商会、体育会及居民组织，有些有规模的团体，会使用面积相当大的石雕招牌。除此之外，一些庙宇、祠堂或大厦的招牌，都可以找到石雕的痕迹，只是规模比较小而已。

庙宇

大厦

在长洲可以看到各式各样的招牌制作方法。金漆招牌、胶片、木字、金属字、水泥字都可以找得到。这里也保留有大量的通花铁闸，闸上的字标示着店名，勉强也算得上是招牌吧。

木制招牌字

胶贴字招牌，有十多年历史了，是我造的！

通花铁闸

水泥字

古老木制招牌

谁说长洲没有新的招牌制作方法？

因为岛内有不少服务游客的店铺，例如小食店或精品店等，招牌会以自家手制为主，与传统招牌不同，这些招牌走"文青"的风格，比较低调。旧招牌方面，也可找到一些手绘的美术字，但为数不多。

手绘美术字

手工木制招牌

手绘美术字招牌

大厦名称也用上手绘美术字

故鄉茶寮

Hometown teahouse

行錶城金

海景樓

大興堤路

　　你会看到某种设计或字体，就联想到香港某个地区吗？如果答案是"会"，那大概就是长洲的花牌字体了。在每年一度的太平清醮[1]，都可以看到大量花牌，花牌就成了长洲的一大特色。至于较小型的花牌，更加是日常看到的，适用于各种场合，无论是结婚、新店开张、体育比赛，还是粤曲活动等，都可以见到这种字体。根据报道，这些花牌都是由长洲人于本地绘画制作的。

1 太平清醮是香港长洲岛居民举行的传统祭祀活动，每年农历四月初八佛诞日举行。——编注

花牌

招牌的反面教材

　　我家招牌店的顾客大多是街坊，基本上没有什么设计要求可言，最重要的是清楚明白。街坊招牌虽然没有大型霓虹招牌般多姿多彩，但也某种程度上建构了香港的街道景观。我没有设计或艺术的修为，或者可从多年对街坊招牌的观察，归纳出一些招牌的反面教材，在这里讨论一下。

字体不清楚

　　作为一个正常的招牌，看起来清楚明白很重要。尤其是大字，必须用比较粗的字，免得在远处看不清楚。一些招牌用上细明体，看起来感觉软弱无力，也有一些招牌以加粗的细明体制作胶片水晶字，失去边缘光亮的豪华感觉。绝大多数情况下，细明体只适用于内文。每当我见到这种招牌，都会笑说批核设计的人，电脑里面或许没有安装字体。

细明体招牌

安装错误

我对招牌的要求其实不高，除了清楚以外，没有写错字、装错字、装歪字就可以了。图中这个招牌，或许是制作招牌的人对繁体字及英文不甚理解，可能是想并字制作"麪"字，但效果并不理想，而且还串错英文字，需要在上面修修补补作出更正。依我的意见，这样的招牌肯定会影响店铺形象，换招牌的钱绝对不能节省。

错漏百出的招牌

至于装错、装反、装歪的情况屡见不鲜，或许是安装的人本身对字的笔画结构不甚了解。有些时候，由于字形问题，每个字会分拆成众多部分，就算安装时有完备的图样，也很难做到令人满意。何况很多时图样不齐备，字的部件又多又乱，这样的情况下并不能怪责安装师傅。如遇上部件细小，安装时无法在字底钻孔固定，只有用胶水粘贴，便很容易造成细小的笔画歪斜甚至掉落。

港交所的"贝字墙"使用了楷书,但笔画分散,拼贴效果不理想(图片来源:橙新闻)

字体细小部件脱落

你能指出这个招牌有什么错处吗?

　　有时有些招牌看了令人不禁失笑,错误离谱到令人觉得肯定是故意的。或许这真的是引人注目的一种方法,但难免会给人哗众取宠的感觉。像图中的招牌,看过当然令人难忘,但商号给人的感觉,也会打了折扣吧。

"发"字的部件也相距太远了吧

　　招牌除了展示店名，还有广告牌的作用，例如医生会写上专业资格，食店写上拿手菜式等。我见过一些店主似乎贪心了一点，除了在招牌上列出多个电话及电邮地址，还要在招牌上写上一篇百字短文。这么多字的招牌，有谁会驻足观看呢？

招牌上竟有百字短文

　　以前有一些专医疑难杂症的医师，会在招牌上写上各式各样的疾病，内容露骨，就算病人真的有需要，虽可跟着招牌寻找医师，但亦难免令人尴尬。近年来，医疗招牌及广告用词已大大收敛，减少令人不安的感觉。我认为招牌上应尽量少写负面词汇，因为这难免会成为招牌上的焦点，影响招牌观感。

治疗疑难杂症的招牌

有些招牌上常有需要更改的资料，例如价钱。其实作为招牌，应尽量避免常常更改，如果万不得已，应该使用容易更改的方法去制作，例如价钱部分使用胶贴字制作。图中这个招牌用镂空方式制作，资料无法修改，只能无奈贴上纸张遮盖。

店铺收费更新，只好贴上纸张遮盖

六个字里面竟用了五至六款字形

招牌为了清晰显示公司名称或信息，字体应尽量端正，四平八稳地展示；而且尽量不要使用超过两款字形。我虽然没有学过设计，但都知道太多字形只会造成混乱。图中这个招牌，设计可谓非常奇特，六个字里面用了五至六款字形，而且歪歪斜斜，看过以后，居然有头晕的感觉，看不清那是什么字了。

第八章

李汉港楷字形制作

字 从 哪 里 来 ？

字型名稱: 神雕粗行
版本: Mar 20 1995, 2.0 Second Release
TrueType 外框

12	微風迎客　軟語伴茶
18	微風迎客　軟語伴茶
24	微風迎客　軟語伴茶
36	微風迎客　軟語伴茶
48	微風迎客　軟語伴茶
60	微風迎客　軟語伴茶
72	微風迎客　軟語伴茶

20世纪 90 年代中期，胶贴切割机随机 CD 碟内的正版字形，现在看来，制作很粗糙

　　几乎每个招牌上都有字，上面写的可能是商户名称、业务内容、主事人的名称及履历、地址及联络方法、宣传语句等。字建构了招牌，招牌建构了街道的景观，所以字对于一个城市的外貌，影响力不容忽视。

　　现在我们很容易得到各式各样的电脑字形。自从电脑被广泛使用后，招牌上的字，绝大部分都使用电脑字

形。20 世纪 90 年代，我开始接触来自台湾的电脑切割胶贴软件，内含多款中文字形，使用起来方便得很。与此同时，招牌业内广泛使用来自台湾的盗版字形。一来当时知识产权意识薄弱得很，二来正版字形都很贵，加上其实不知在哪里可以购得正版字形，而盗版光碟却很容易找到，造成盗版字形猖獗。

在此之前，我老爸制作招牌的年代，可没那么幸运了。以前招牌师傅要得到字，很多都是找写字匠帮忙书写，正如我爸最常找的就是李汉先生。我没有调查过香港区或新界写字匠的情况，但我爸极少光顾香港岛的写字匠，不是因为什么地盘概念问题，而是当时交通不如今日方便，加上找写字匠写字，很多时不能立即取货，需要来回两次才拿到字。因此招牌师傅都会找同区的写字匠，以节省交通时间。

一些有美术根底的招牌师傅，会自己绘画美术字。我爸的藏书之中，有几本是有关绘画美术字的。手绘美术字就像现时电脑字的雏形，现时街上的招牌，都有使用手绘的黑体、明体或圆体字，但质量当然不及现在的电脑字。还有些招牌师傅自己懂得写毛笔字，由写字、制作到安装招牌，都可以一手完成，不假外求。

如果遇到一些公司客户，要求使用比较正规的美术字体，招牌师傅就会光顾植字公司。我对植字公司的印象并不深，只知道植字公司都有植字机，内藏不同的美术字形（相信这都价值不菲啊），再用光学摄影的方法，将客户需要的字，射印到一张"咪纸"上。因为"咪纸"分辨率高，可供放大用来制作招牌。

作为一家小规模的招牌公司，我爸要想尽方法找字。毕竟找写字师傅需时，应付赶急订单，必须另想办法。老爸会将李汉先生的字影印存档，将常用字重复使用。但这个方法很多时都会缺字，在没有电脑的年代，解决方法有几种：一是并字，将字的各部分拼合造成新字，再以手绘微调。二是购买书法字典，书写风格虽有不同，但通过修改笔画，希望可以尽量使用。除此以外，老爸还会从通胜的《电报新编》中取得所需的字。不过因为那些字很小，放大会变形，所以这只是逼不得已才会使用的。

书法字典

通胜内的『电报新编』

浅谈由毛笔字 到招牌字

用粉笔修改过的毛笔字

当我们欣赏各式各样的手写字招牌，细味当中不同的书法风格时，有没有想过：其实这除了是写字匠的作品外，还要经过招牌师傅的制作及修改呢？电脑出现后，电脑字形均由专业团队设计及校对，现时大多直接使用便可以了；以前的手写字，因为每个都是手工完成，就算是最好的写字匠，作品质量难免有高有低，所以到了招牌匠手上，也未必会依样画葫芦地照用不误。

招牌字通常比较粗，遇上笔画较多的字，很容易因为墨汁化开，造成某些笔画稍粗，甚至相连。写字匠如果觉得写出来的字基本上满意，只有一些小瑕疵的话，便会用粉笔加以修改；到了招牌匠手上，也会因应个人审美眼光加以修整。有时甚至是在线锯机切割时，稍为偏离原稿以作修改的。

或许未必有人留意到，毛笔字在纸上展现，感觉就像电脑上的点阵图：笔画边缘可以比较多变化，墨色浓淡多变。至于由毛笔字转换成招牌字，就像电脑上的向量图，都是由外框组成，如遇毛笔字的笔画边缘不平整，则必须加以简化，这样造出来的字才会好看。如果保留太多毛笔字的细节，造出来的字只会让人觉得手工欠佳，边缘抖震不整。而且这样会造成加工困难，影响制作质量。

有时我们会收到这样的要求：招牌损坏了，要再造新的，字体要跟原本的一样。如果环境许可，直接用过底纸把旧招牌扫描下来，一比一大小去使用。但很多时都不会这样理想的。如果客户的名片或信纸上的字体跟招牌一样的话，我们就会放大使用；如果客户之前有拍下招牌照片，我们便可加以放大制作。

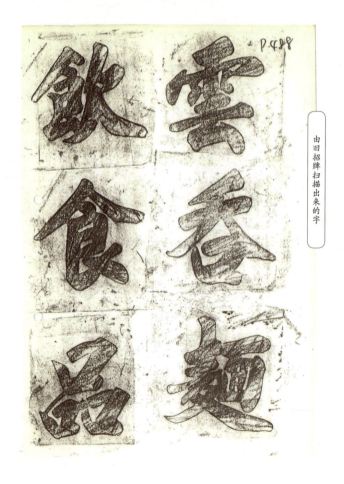

由旧招牌扫描出来的字

然而这样问题来了，卡片上的字通常都很小，照片也会有同样的情况，就算使用专业相机拍摄，以当时的科技，客户充其量也只给你一张小小的 3R 照片，字也显得模糊。比起毛笔字原作，固然无法相比；就算是一比一扫描下来的字，因为已经过一次制作修改，多少有些失真。遇到这种情况，其实最好听招牌匠的专业意见，把字重修一次，但因为已加入了个人演绎，未必跟原稿完全一样，客户也可能因此有意见。所以除非原稿差到不能用，否则还是睁只眼闭只眼，照原稿做算了。

以下图为例，坊间见到这样的例子，一般都不会有什么意见，就当是我的职业病，过分敏感吧。细看"金泰线"这个招牌，看来原作是隶书，但应该经过多次缩放，或者是原稿不佳的情况下制作，线条粗细不一，笔画交叉位模糊或变圆，失去手写感觉。

金泰线

我为何要将李汉港楷制成字形

我是近几年来才知道如何制作一套字形，最主要透过浏览一些台湾网站及书籍而慢慢了解。但是，看完资料，对字形制作还是一知半解。要制作一款电脑字形，字体公司的配备当然更完整，有专业软件，又有一组字形设计师合力完成一套字，而对个人字体制作者而言，就是一项浩大、漫长、枯燥、孤独，别人没法帮你分担，又需要很大毅力很多时间的事……总之，制作一套中文字，门槛超级高，难怪甚少香港人在做这项工作。那么，为什么我又要把李汉字电脑化，甚至制作出整套字形呢？

最简单的原因——我想便捷地使用这套字。自李汉先生在 20 世纪末把大量手稿送给我爸，我当时已经想把这些字电脑化，以方便使用。奈何当时的电脑速度相当慢，电脑硬盘又很小（当时 1GB 硬盘已经很大了），加上我使用绘图软件技术不精，于是计划开始了一段时间后，便半途而废了。

在 20 世纪 90 年代中期，适逢个人电脑开始流行，加上公司购进了第一部电脑胶贴切割机，软件已内置一些电脑字形，当中包括两套毛笔字，大大方便了招牌的制作，这亦令到李汉先生的手稿无用武之地，最终在书柜里面，悄悄度过了二十年。

"李汉港楷"这套
字在书柜曾经待
了二十年

　　将这套字放进书柜二十年，无疑是将李汉先生送给
我老爸的厚礼束之高阁，浪费了李伯伯的一番苦心。我
一直把这套字记挂在心，只是因为技术原因没有办法处
理。而这二十多年来，公司搬迁了好几次，但字稿也保
存得大致完好，只是没有拿出来细看而已。

　　近年香港怀旧风气炽热，我也看过不少以怀旧为
主题的展览。当中很多装饰都做得不错，或尽量以现时
的物料，去模仿旧时的事物，都经过精心设计，值得欣
赏。唯独在使用字体方面，因为现时使用的电脑毛笔字
字形，都是来自台湾或内地，感觉与香港的手写字体有
很大出入。

左边是香港手写字；右边是台湾手写字

以怀旧为主题的展览

　　香港的字形设计市场太小了，不足以支持去制作一套有本地书法感觉的字形。要开发一套这样的字，就要找一位能写本地招牌字的写字佬，可是如果写字佬写下一整套的字，意味着要将整套生财工具都卖出去，根本没有写字佬愿意这样做。就算有人愿意，即使是名气不高的写字佬，相信价格也不菲。最近我问过两位现时仅存的写字佬，写字每字收费由四十至一百元港币不等。如果是有名气的书法家，收费必定更高。由此可见，要开发这样的一套字，所花费用必定相当庞大。

　　近年香港社会变化得很剧烈，令更多人关注香港本土文化。我想，这套已经发黄的手稿，或许是时候去发挥它的价值了。我最初的想法，其实只是想将这套字电脑化后，给自己公司制作产品时使用的，但后来在社交媒体发表这个计划，得到了相当大的回响，也令我意识到，这套字背后的珍贵价值。

李汉伯伯送了这么多的字给我老爸，就是怕自己退休后，没人替我老爸写字。这么厚重的一份大礼，当然要好好珍惜；能将这些字稿电脑化再加以利用，就是不辜负李汉先生这一番心意的最好方法。

李汉港楷字形制作工序

自从在网上得知制作电脑字形的工序，我便开始从柜里拿出尘封多年的手稿整理。别以为一开始便可以开始电脑化的程序，要先做很多准备工夫，逐步逐步来，才可以展开这个庞大的工程。

1. 了解制作字形的方法

首先要了解制作字形的方法，参考其他地方的例子，从而决定如何制作。我先从台湾 justfont 的网页得知制作字形的工序，继而看到台北日星铸字行将铅字电脑化的实例。在日星的案例中，人手不是问题，但在勾画铅字外形的过程中，每个人对字形外观都有不同的判断，造成字与字之间风格不统一，计划因此中止，直至多年后才得以重新启动。听到这个案例，我做了一个艰难的决定：就是由我一人去完成勾画字形外框及校对工序，以解决不同人制作引起风格迥异的问题。可是这也意味着制作时间大大加长，我也要独自承担整套字的制作任务。

2. 扫描成电脑 档案储存

将整套字扫描成
电脑档案储存（见右
图）。这看似是手板
眼见的功夫，但在开
始扫描前，要先决定
合适的分辨率，分辨

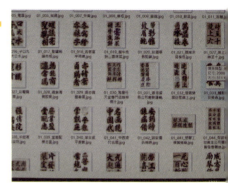

率过大会浪费储存空间，扫描时亦会拖慢电脑；分辨率
过小则会令细节流失，制作时导致偏差。因为手写的字
比较大，轮廓亦很清晰，于是我决定将扫描分辨率定为
200dpi。

将手稿逐页扫描，其实不算困难，但要扫描二千
页楷书原稿，再加上二千多个还没有计划电脑化的隶
书原稿，绝对是一项庞大的工程。因为手稿通常由多
张剪碎的字稿粘贴而成，亦可能有订书钉在原稿上，
不可能放进送稿器（feeder）进行自动扫描，唯有以人
手逐页扫描。

另外，老爸亦收藏了数百个手写大字的原稿，就
算我有 A3 大小的扫描器，也要分两次才可将整个字扫
描下来，完成后，还需要用电脑软件将字的两部分并合
起来。

整个扫描工序，我只在工作之余的星期日进行，花
了八个星期完成，即前后两个月时间。

3. 为档案命名

　　检视每页字稿上有什么字，并将上面的字命名为该页原稿的档案名称，方便日后检索。将所有的原稿检阅一遍并命名，共花了大约三个月时间。

　　十分感谢台湾 justfont 公司免费给我提供了一份七千二百字的字体表，为我要制作哪些字提供了依据。可是那份字体表并不是按部首排列的，于是我在网上找来了一份《台湾标准字体表》，以便统计扣除重复的字后，一共有多少字，缺了什么字，有什么部首可供并字使用等。这个工序费时不算太久，大约两三个星期便完成了。经过这个工序，我发现原来手上没有任何"齿"字部偏旁的字，幸好后来找到一个"啮"字，填补了这个空白。

4. 勾画字体外框

　　我并不是按字体表上第一个字开始做的，而是先制作一些字数比较多的部首的字，例如木、水、土、金等部首。这样做的话，除了部首偏旁以外，我可以得到大量的字体部件，可供并合制作不同的字。举个例子，如果完成了"埔"字，那就有了"土"字偏旁，以及"甫"字部件，如果之后要完成"铺""浦"等字便快很多了。

　　这个工序说难不难，但最恐怖的是要一个人完成七千多个字。我每星期花五至六天，利用晚饭后到睡觉前的时间去做这个工作，每天最多可以勾画十多个字。如是者花了大约一年时间，完成了大约三千字，之后进入并字的程序了。

　　我是逐笔勾画每个字的（见下图），而不是勾画出整个字的外框。这样的好处非常多，一来要修改微调字体外观时，可以逐笔修改，十分方便；二来在制作并合字的时候，字的每个笔画和部件都可以自由装拆，方便调校。而逐笔勾画所花的时间，其实比勾画整个字的外框不会多很多，但却为制作提供极大方便，这都是我在网上看资料学来的。

　　我满以为并字是很容易的工作，也许花大半年就能做好了。谁知并字所花的时间，跟勾字的时间差不多！原来将部件合并时，要花相当多时间去微调，有时怎样看都不顺眼。结果每晚也只能制作十多个字，这就花了大约一年时间完成。

5．绘画英数字符

　　作为一套电脑字形，除了中文以外，英文、数字及符号，都是不可缺少的部分。我决定这套字的英数字符，部分由我老爸绘画出来，以符合昔日招牌的风格。

我收集过一些意见，认为毛笔字应该配有衬线的英文字，可是我认为这套字应该以招牌制作为主要目的，首先要符合昔日招牌的感觉，另外以我和老爸的美术修养，很惭愧地，只可完成一套很粗糙的无衬线英文字，我的决定的确有违字体搭配的习惯，但这也符合昔日"招牌佬"自己绘画英文字的风格与水准。反正坊间英文字形选择多得是，如果觉得这套英文字不堪入目，也可选用其他的英文字。

李威在勾勒无衬线英文字

6. 编码

我之前不懂编码，唯有交给台湾 justfont 公司代劳。他们很快便替我完成七千二百个字的编码工序，而且还教我使用 glyphs 软件修改现有的字，以及将新加的字编码。我后来新加了数百个字，包括香港常用字、地名用字及生僻字，都是我自己制作及编码的。原来使用 glyphs 软件，编码的过程极为容易，花几分钟便学会了。

7. 校对

制作电脑字形需要每字独立制作；但使用中文字时，却是以句以段落来编排的，因此字与字之间的呼应很重要。于是我要使用 glyphs 的一个重要功能，就是把不同的字，排列成文章，以便找出哪些字大小有问题，粗细需要微调，当然也尽量检视一下每个字的制作质量。虽然我花了相当多的时间作检视调校，但仍然发现这套字里面，有很多可以改善的地方，也就是说，要找出所有问题的话，大概是没有可能的。

8. 使用

实际使用是检验这套字是否好用的一个好方法。首先可以继续校对工作，找出个别不妥当的字；其次可以找出有什么常用字还没有制作出来。例如石硖尾的"硖"字、糯米糍的"糍"字等，都是通过这方法检测出来的缺漏字。通过一年的使用，检测出不少的问题，作出过百次的修改。

校对是一项永远也不会完成的工作，所以正如 justfont 创办人叶俊麟先生给我的建议，把字尽量做好，但无论如何要设定一个完成的期限。即便不可能将所有错处找出来，也要让自己的作品面世，否则越拖越久，就可能错过发表的时机了。至今我仍努力制作字形，希望在不久的将来可以令"李汉港楷"面世！

各地手写毛笔字形

我在开展"李汉港楷"电脑化这个项目前，做过一些调查，了解造字计划如何进行，也参考别人的经验，将自己犯错的机会降到最低。结果我也找到一些案例作参考，最近也留意到有新的造字计划出现，证明从电脑被广泛使用后，手写毛笔字形就不断出现，"李汉港楷"只是其中一例。

香港在开始使用电脑制作广告招牌时，某些绘图或切割的软件，都内置了台湾制作的电脑字形，便利了 20 世纪 90 年代中后期的招牌制作。细看之下，这些字体都是台湾味道十足的，现在到台湾逛街，常常可以看到这些字。台湾毛笔字比起香港字体，感觉较为温文内敛；如果像香港北魏字体那么有霸气的字，相信只有在武馆能找到。这些影响台湾、香港，以至整个华人社会的招牌字体，都与台湾刘元祥先生有关。

台湾字体

刘元祥先生擅写书法，常常替台北市政府官员写红白帖、匾额挽联等，亦有教授书法。20 世纪 70 年代，刘先生将其书法作品汇总推出《商用字汇》系列，分楷书、颜体、分书（隶书）及行书四册。当时电脑尚未普及，台湾各地招牌店都购买了这几本书（无论正版或盗版）用以制作招牌。后来台湾几家字体公司的毛笔字形，很大程度上都

"参考"了刘先生的书法。因为台湾制作的电脑字形，于20世纪90年代已流行至世界各地华文社会，所以刘元祥先生的书法字，不只在台湾大行其道，对全球的中文招牌，也有莫大的影响。

《商用字汇》（相片提供：苏炜翔先生）

台湾常用字体

内地字体

内地方面，也有一些我们很熟悉的电脑字形，它们的原稿都是从20世纪70年代以来，由内地著名的书法家书写的，是他们在艰难的环境下做出的无私贡献。当中包括行楷、隶书、新魏、篆书几种字体。

行楷体字形是内地极常见的电脑字形，于1976年由著名书法家任政书写。任老先生白天应酬各方，为上海字模一厂工作，晚上在电风扇下，艰苦地完成了6196字的原稿，所得酬劳出奇地少，当时每字仅人民币一毛钱。

行楷体字形

　　隶书字形是 1979 年由任职北京故宫博物院书画复制组的刘炳森先生书写。由于晚于任政先生书写，稿酬"大幅"增至每字一角五分。

隶书字形

新魏体字形是由韩飞青先生所写，于 1974 年开始，经过十四个月，先完成了 4050 字，后再补写包括繁体字在内的共 2900 字。

新魏体字形

篆书字形是 20 世纪 70 年代由苏州书法家徐圆圆女士书写，完成合共 10366 字，稿酬与刘炳森先生一样，每字一角五分。

香港字体

香港方面，可能早已使用大量来自台湾及内地的书法字形，截至数年以前，我也没有听过香港有出品本地的电脑手写字形。比较著名的例子，是专门书写北魏体货车字的杨佳先生，将其几千字作品，收藏于电脑内供自家使用。而陈濬人先生于 2012 年起，研究香港北魏字体，并有计划发展成电脑字形。

杨佳货车字

澳门字体

澳门方面，设计师邓宝谊先生与招牌匠林荣耀先生合作，于 2018 年开始，将林先生书写的毛笔字电脑化成为字形。林先生从事招牌制作四十多年，作品遍布澳门，绝对是澳门文化的一个特色，值得加以保存及推广。

林荣耀先生（左）与邓宝谊先生（右）

图片提供：邓宝谊先生

除了以上例子，当然还有其他毛笔字字形，在这里就不尽录了。电脑化手写毛笔字的工序浩大，而且将传统的艺术及文化，以科技转化形式保存下来，是一件相当珍贵和有价值的事。我知道现在仍有不少人同样在默默努力，埋首制作富有情怀的字形。期盼透过造字者的用心，能令各地社会的文字更美。

后记及鸣谢

　　能够透过写书去分享我对招牌的小知识，对我来说是一件很不可思议的事。虽然写稿过程很辛苦，要时时刻刻在街上拍摄招牌、思索有什么内容要写到书里面，但感谢很多人的帮助，这本书终于可以顺利完成。首先多谢非凡出版的邀请，感激编辑朱嘉敏小姐的协助，替我将一堆杂乱无章的文章，整理成一本有板有眼的书。

感谢下列人士接受访问：
· 麦锦生先生
· 郭斯恒先生

感谢下列人士替我写序，令本书生色不少：
· 郭斯恒先生
· 阮庆昌先生
· 邱益彰先生
· 邓宝谊先生

感谢下列机构及人士提供资料或照片：
· 长春社文化古迹资源中心
· 刘国伟先生
· 梁耀成先生
· 香港理工大学设计学院信息设计研究室
· 邱颖琛小姐
· Naldo Wong
· Kevin Mak@streetsignhk
· 林子乔小姐
· 陈思琦小姐
· 爱丽斯发廊 黄先生
· 曹华安先生儿媳妇 曹太

- 区深记 辉哥
- 橙新闻

感谢一路上在"李伯伯街头书法复修计划"帮过我的所有人。没有你们，这本书大概也不会出现。名单如下：

- Justfont
- 叶俊麟先生
- 苏炜翔先生
- 曾国榕先生
- 林霞小姐
- 长春社文化古迹资源中心
- 黄凯欣小姐
- 钟蔼宁小姐
- 自由香港字形
- 郑国雄先生
- 柯炽坚先生
- 陈星宇先生
- 水煮鱼文化
- "港人港字"展览策展团队
- Angel Ho
- Wendy Kwong
- 采访及报道过本计划的各方传媒朋友
- 耀华制作室各同事 + 董事长李威先生

（上列名单，排名不分先后。如有遗漏，恳请见谅！我一向记人名十分差！）

最后，致最崇高的谢意：李汉先生。

图书在版编目（CIP）数据

你看港街招牌 / 李健明著 . -- 深圳：深圳出版社，
2025.8. -- ISBN 978-7-5507-4274-1

Ⅰ. F729

中国国家版本馆 CIP 数据核字第 2025040XX1 号

版权登记号 图字：19-2025-095

你看港街招牌
NIKAN GANGJIE ZHAOPAI

责 任 编 辑	曾韬荔
责 任 技 编	梁立新
责 任 校 对	万妮霞
装 帧 设 计	Lizi

出 版 发 行	深圳出版社
地　　　址	深圳市彩田南路海天综合大厦（518033）
网　　　址	www.htph.com.cn
订 购 电 话	0755-83460239（邮购、团购）
排 版 制 作	深圳煦元文化创意有限公司
印　　　刷	深圳市华信图文印务有限公司
开　　　本	787mm×1092mm 1/32
印　　　张	10.5
字　　　数	280 千
版　　　次	2025 年 8 月第 1 版
印　　　次	2025 年 8 月第 1 次
定　　　价	68.00 元